Die Moderne hat sich exemplarisch im idealistischen Monismus Hegels und im materialistischen Monismus Marx', in den beiden „Meistergeschichten der Moderne" konstituiert. Die französische Postmoderne hat die Geltung dieser beiden Monismen, die die Moderne als Epoche dominierten und die Moderne als Ideologie begründeten, destruiert. Das vorliegende Buch schließt an die postmoderne Kritik der Meistergeschichten der Moderne an, transzendiert jedoch die dekonstruktivistische Postmoderne, um zu einem essentiellen Begriff von Postmodernität zu gelangen, der der Bedeutung des Präfixes *post* gerecht wird und die Postmoderne nicht mit einer Supermoderne verwechselt. Postmodernität bedeutet für Koslowski, eine spekulative Philosophie zu erarbeiten, die nicht monistisch oder atheistisch ist, aber auch nicht nur dekonstruktivistisch in den dogmatischen Pluralismus und eine atheologische Mystik verfällt.

Für die postmoderne spekulative Philosophie bedeutet Postmodernität, die Differenz zwischen dem Absoluten und der Geschichte gegenüber dem Monismus festzuhalten. Sie bedeutet, die Singularität des Individuums gegen die „Aufhebung" des Endlichen im Unendlichen und die Würde der Natur gegen ihre Aufhebung im Geist zu verteidigen.

Der Autor, geboren 1952 in Göttingen, ist Direktor des Forschungsinstituts für Philosophie Hannover und Professor für Philosophie und Politische Ökonomie an der Universität Witten/Herdecke.

DIE PRÜFUNGEN DER NEUZEIT

EDITION PASSAGEN 26

# Peter Koslowski
# Die Prüfungen der Neuzeit

## Über Postmodernität

## Philosophie der Geschichte, Metaphysik, Gnosis

Herausgegeben von

Peter Engelmann

Edition Passagen

Deutsche Erstausgabe

CIP–Titelaufnahme der Deutschen Bibliothek

Koslowski, Peter:
Die Prüfungen der Neuzeit: über Postmodernität, Philosophie
der Geschichte, Metaphysik, Gnosis/Peter Koslowski. Hrsg.
von Peter Engelmann. – Dt. Erstausg. – Wien: Passagen-Verl.;
Wien: Böhlau, 1989
    (Edition Passagen; 26)
    ISBN 3-900767-22-X
NE: GT

ISBN 3-900767-22-X
© 1989 der deutschen Ausgabe by Passagen Verlag Ges.m.b.H.,
Wien
Graphisches Konzept: Ecke Bonk, Wien 1985 in Zusammenar-
beit mit Eichinger oder Knechtl
Zeichnung: Ecke Bonk
Satz: Fuldaer Verlagsanstalt
Druck: Interpress Budapest
Distributed by Böhlau Verlag Ges.m.b.H. & CO. KG, Wien

# Inhalt

Teil II
Spekulative Philosophie.
Gnosis als Metaphysik

# Einleitung

Die Neuzeit und die Moderne werden in der Gegenwart philosophischen, künstlerischen und ökologischen Prüfungen unterzogen. „Die Moderne" als philosophisches, künstlerisches und wissenschaftliches Leitbild und der Modernismus als Weltanschauung besitzen nicht mehr selbstverständliche Gültigkeit. Die postmoderne Philosophie stellt die Modernität und Zeitgemäßheit des Denkens der Moderne, das auf der Autonomie des denkenden Subjekts und der Zerstörung der Metaphysik beruht, in Frage. Die postmoderne Kunst und Architektur wenden sich vom Funktionalismus und zeichensprachlichen Minimalismus ab. Die ökologische Sicht der Natur sucht die moderne Naturbeherrschung und die ihr verpflichtete moderne Naturwissenschaft zu neuen Formen des Naturverhältnisses und der Wissenschaft von der Natur zu überwinden. In der Kritik der Moderne und des Modernismus, in den Prüfungen der Neuzeit, werden die Umrisse einer neuen Einstellung zum Absoluten, zur Natur und zum Personzentrum des menschlichen Selbst, das nicht im Subjekt aufgeht, erkennbar. Das neue Selbst- und Weltverhältnis des Menschen *nach* der Vorherrschaft der Moderne kann mit dem Begriff Postmodernität beschrieben werden. So wie die Weltsicht der Moderne die Differenz zwischen dem Absoluten und dem Endlichen leugnet, die Natur als bloße Sphäre der Äußerlichkeit ansieht und das Subjekt auf einen ausdehnungslosen Punkt reduziert, beschreibt Postmodernität eine philosophische Haltung, in der die Metaphysik und das Supernaturale, die Verbundenheit von Natur und Mensch und die Innerlichkeit des Selbst wiedererinnert werden.

Modernismus und Postmodernität sind „neuzeitliche" Denkhaltungen, und die Debatte zwischen „Modernisten" und „Postmodernisten" ist ein Streit, der aus der Neuzeit

11

entstanden ist. Die Neuzeit ist nicht mit der Moderne identisch, sondern hat, wie die Reformation und der Barock zeigen, auch andere Ansätze als die Aufklärung, den Idealismus und den Positivismus gekannt. Deshalb ist auch die Postmoderne nicht mit der Nachneuzeit gleichzusetzen. Wir wissen, daß das Neue, das wir erleben und das wir etwas behelfsmäßig „Postmoderne" nennen, ein viertes Zeitalter bildet, aber wir wissen nicht, ob die Postmoderne eine Epoche vom Rang der Neuzeit sein wird oder nur eine Übergangsphase. Es ist diese Frage aber auch nicht von Bedeutung, weil die Postmoderne kein historisches Klassifikationsschema, sondern eine Chiffre für zwei philosophische Ansätze darstellt. Die Chiffre der Postmoderne steht für einen dekonstruktivistischen und einen essentialistischen Ansatz, die beide die Überwindung des Modernismus und des monistischen „Projekts der Moderne" zum Ziel haben, sich aber in anderer Hinsicht erheblich unterscheiden.

Die Postmoderne als Erfahrung und Weltverhältnis beginnt mit dem neuen Bewußtsein für die Endlichkeit der Welt und die Begrenztheit ihrer Ressourcen, das um 1973 vor allem durch den Schock der Ölpreisverteuerung allgemeinbestimmend wurde. Mit dieser Bewußtseinswandlung gerieten der Utopismus und Progressismus der Moderne in eine Krise, wurde der Gedanke der Moderne von der unendlich voranschreitenden Naturbeherrschung und unbeschränkten wirtschaftlichen Expansion unhaltbar.

Die Postmoderne als Philosophie nimmt Abschied von der Moderne als Ideologie, nicht aber von der Modernität als Geschichtlichkeit. *Das* Moderne, das Zeitgemäße und dasjenige, was dem „state of the art" entspricht, bleibt Forderung an die jeweilige Gegenwart auch dann, wenn *die* Moderne und ihre Ideologie des Modernismus überwunden sind. Daß Modernität im Sinne von Zeitgemäßheit auch unter Bedingungen der Postmoderne vom Denken und menschlichen Handeln gefordert ist, folgt aus der geschichtlichen Natur des Menschen und seiner Kultur. Wir können auf Modernität nicht verzichten, weil wir uns nicht aus der Geschichte verabschieden können. Geschichtlichkeit und Modernität erfordern, daß auch weiterhin das Neue und Moderne erdacht, imaginiert und verwirklicht wird.

Daß es das Moderne auch weiterhin geben wird, schließt nicht aus, daß *die* Moderne als die Ideologie des abschließend und unüberbietbar Neuen zu Ende geht. Denn die Moderne war und ist die radikale Auflösung von Geschichtlichkeit durch Geschichtsphilosophie. Die Moderne suchte sich nicht nur in religiöser und politischer Hinsicht vollständig aus ihrer Herkunft und damit aus der Geschichte zu emanzipieren, sondern sie verstand sich selbst auch als das endgültige Zusichkommen des Geistes, als die vollendete Emanzipation der Gattung Mensch und das alle Entfremdung aufhebende endgültige Reich der Freiheit. Die Geschichtsphilosophie der Moderne ist entgegen ihrem Namen keine Philosophie der Geschichte und der Geschichtlichkeit, sondern eine Philosophie der Aufhebung der Geschichte und der historischen Methode. Die Geschichtsphilosophie der Moderne leugnet das unablässige Voranschreiten der geschichtlichen Epochen und ihre Singularität und Vergänglichkeit zugunsten einer endgültigen innerweltlichen Erfüllung und eines Endes der Geschichte. Die Moderne als Ideologie und der Modernismus erzählen einen großen Mythos, den Totalmythos des Fortschritts und seiner Erfüllung in der Gesellschaft der Moderne, die die Geschichte zu ihrem Ende bringe. Der forcierte Begriff der Geschichte als innerweltliche Heilsgeschichte und die Ideologie der Moderne, daß die Geschichte selbst das Sich-Ablösen historischer Epochen und Entwürfe aufheben und beenden könne, beinhaltet in seiner realen Wirkung das Ende von Geschichtlichkeit und Historie überhaupt.

Die Geschichtlichkeit der Welt läßt sich jedoch nach der Erfahrung des Alterns der Moderne nicht weiter leugnen. Die Postmoderne ist die Widerlegung der geschichtsphilosophischen Aufhebung der Geschichte und die Wiedergewinnung eines angemessenen, nicht-forcierten Begriffs von Geschichtlichkeit und Modernität. Die eine „große Erzählung" der Geschichtsphilosophie, der Mythos von der Moderne, wird in der Postmoderne durch die vielen Erzählungen über die geschichtlichen Prozesse und Wandlungen und durch die religiöse Sicht der Geschichte als Heilsgeschichte ersetzt. Die religiöse Heilsgeschichte oder Geschichtstheologie unterscheidet sich von den Mythen der Geschichtsphilosophie darin, daß ihre heilsgeschichtliche Hoffnung im Gegensatz zur immanentistischen Naherwartung der Geschichtsphilosophie begründbar ist. Die Sicht der Geschichte als christlicher Heilsgeschichte und ihre Hoffnung sind theologisch begründet, weil sie auf dem in sich rationalen Glauben an die Geschichtsmächtigkeit und Güte Gottes beruhen.

Aus der Geschichtlichkeit und der Modernität können wir uns nicht verabschieden, wohl aber aus der Moderne als Ideologie. Die Postmoderne ist als Kritik des Modernismus und des forcierten Geschichtsbegriffs der Moderne die Wiederherstellung von Geschichtlichkeit und damit von Normalität. Sie ersetzt nicht, wie ein Rezensent meines Buches *Die postmoderne Kultur* zu bedenken gab, den geschichtsphilosophischen Glauben an die Moderne durch denjenigen an die Postmoderne. Die Postmoderne glaubt nicht an die Geschichte und ist nicht die Fortsetzung der modernen Geschichtsphilosophie mit postmodernen Mitteln. Sie ist deren Kritik und Überwindung, weil sie durch ihre Abweisung des Modernismus und mit ihrem Gedanken vom vierten Zeitalter der Postmoderne die Geschichtlichkeit des Menschen wieder in ihre Rechte einsetzt. Sie ist die voranschreitende Rückkehr zum christlich-jüdischen Äon der Geschichtlichkeit.

Postmodernität ist die Haltung der Modernität unter Bedingungen der Postmoderne und nach dem Durchgang durch die Moderne als Ideologie. Modernität im ursprünglichen Sinne ist die Haltung der Anerkennung von Geschichtlichkeit und die Bereitschaft, das Neue zu schaffen und sich auf das Moderne einzulassen. Da die Moderne sich als das abschließend Neue und als das endgültige Zeitalter verstand, hat sie auch den Begriff der Modernität zu usurpieren und in eine feststehende Ideologie der modernen Weltanschauung umzudeuten versucht. Modernität kann jedoch nicht auf einen abschließenden, ungeschichtlichen Inhalt festgelegt werden. Sie muß vielmehr offen bleiben für das Neue und „Unerhörte". Modernität unter Bedingungen des Endes der Moderne als Ideologie ist daher heute Postmodernität. Postmodernität ist nicht ein Ausstieg aus der Geschichte und *dem* Modernen, sondern eine Überwindung *der* Moderne und des Diktats des Modernismus.

Philosophisch ist das Weltverhältnis des Progressismus der Moderne im idealistischen Monismus Hegels und im materialistischen Monismus Marx' zur Darstellung und Klarheit gebracht worden. Die Moderne hat sich exemplarisch in der Hegelschen und Marxschen Philosophie, in den beiden „Meistergeschichten der Moderne" konstituiert. Die französische Postmoderne hat die Geltung dieser beiden Monismen, die die Moderne als Epoche dominierten und die Moderne als Ideologie begründeten, destruiert. Da die philosophischen „Meistergeschichten" der Moderne auch jene Weltanschauungen, die ihnen wie der Evolutionismus und der Positivismus zunächst ferner standen, entscheidend beeinflußt haben, sind von der Relativierung der philosophischen Monismen auch der Evolutionismus und Positivismus der Moderne betroffen. Der Szientismus als ganzer wird durch die postmoderne Philosophie einer „Kritik der szientistischen Vernunft" unterzogen.

Die beiden Theorieansätze der Postmoderne müssen in einen dekonstruktivistischen und einen essentialistischen unterschieden werden. In beiden spielt die Mystik eine wichtige Rolle, in der dekonstruktivistischen Postmoderne als atheologische und atheistische Mystik und Gnostizismus, in der essentialistischen Postmoderne als theologische Mystik und christliche, theistische Gnosis.

Die Dekonstruktion der modernen Systemphilosophie macht den wesentlichen Inhalt der französischen Postmoderne aus, für die Autoren wie Jean-François Lyotard und Jacques Derrida stehen und die deshalb auch als „Dekonstruktivismus" bezeichnet werden kann. Die dekonstruktivistische Postmoderne macht das Prinzip der Dekonstruktion gegen die Konstruktionen der Systemphilosophie, das

Prinzip des nicht auflösbaren Widerstreits gegen das Hegelsche Prinzip der totalen Aufhebung und das „kleine Narrativ" gegen die Meistererzählung der Geschichtsphilosophie des absoluten Idealismus und des Marxismus geltend.

Die dekonstruktivistische Postmoderne verbannt jedoch durch ihre Totalisierung der Prinzipien des Widerstreits, des „kleinen Narrativs" und des Pluralismus der Weltentwürfe, der *ways of world-making"* (Nelson Goodman), die spekulative Philosophie und den Gedanken der Totalität aus dem Denken überhaupt und scheint mit der Kritik des modernen Monismus auch die Möglichkeit jeder Metaphysik, auch einer nicht totalitären und nicht monistischen Metaphysik ausschließen zu wollen. Weil ihre dekonstruktivistische Vernunftkritik noch über die Autonomisierung der Vernunft in den Projekten der Moderne zu einer sich absolut setzenden Souveränität des Menschen hinausgeht, überwindet sie nicht den Autonomie-Gedanken der Moderne, sondern übersteigert ihn. Sie ist in dieser Hinsicht supermodern, nicht aber postmodern.

In noch größerem Maße supermodern als die Übersteigerung des Autonomie-Gedankens in der dekonstruktivistischen Postmoderne ist jedoch jene Position des Modernismus, die das Prinzip der Vielheit und des Widerspruchs von der französischen Postmoderne übernimmt, ohne sich die Negativität und das kritische Potential dieses Prinzips anzueignen. Die supermoderne Position einer „postmodernen Moderne" (Wolfgang Welsch) befriedigt sich mit dem faktischen Pluralismus der Moderne und überhöht ihn normativ, wenn sie die bloße Vielheit zum Prinzip der postmodern gewordenen Moderne macht. Das Konzept einer postmodernen Moderne ist abgesehen von dem logischen Mangel, daß „postmoderne Moderne" eine *catch all-variable* darstellt, supermodern, weil dieses Konzept das, was ohnehin geschieht, bereits als Fortschritt und Vollendung preist, ohne daß es die Negativität eines weiterführenden Gedankens eingebracht hätte.

Die Postmoderne ist nicht Ausdruck des allgemeinen Pluralismus der Gegenwart, sondern muß gerade als Kritik an der Verwechslung des real existierenden Pluralismus mit einer inhaltlichen philosophischen Position verstanden werden.

Der faktische Pluralismus kann nicht als dogmatischer Pluralismus des „Prinzips Vielfalt" zur Weltanschauung hochstilisiert werden. Faktisch ist die Situation des philosophischen Streites immer pluralistisch. Wenn jedoch der sich ex post aus dem Bemühen um wahrheitsfähige philosophische Standpunkte ergebende Pluralismus bereits ex ante und vor dem philosophischen Ringen zum Inhalt des Denkens gemacht wird, ist nicht Dekonstruktion, sondern intellektuelle Beliebigkeit die Folge.

Das „Projekt der Moderne" und die supermoderne Moderne halten ihren eigenen Anspruch auf Pluralismus selbst meist auch nicht ein. Die Moderne, „dieses unvollendete Projekt" (Lyotard), ist immer bereit, philosophische Argumente durch den Rückgriff auf die Beschwörung des gerade geltenden, durch die eigene Position definierten, modernen Weltgeistes zu ersetzen. So wird gegen die essentialistische Postmoderne eingewendet, daß die Postmoderne kein Programm sein könne, das „die Erfahrung der Moderne" irgend jemandem ersparen möchte. Der Rückgriff auf das, was die „moderne Weltanschauung" oder das sogenannte „moderne Bewußtsein" oder die „Errungenschaften der Moderne" forderten oder zuließen, ist als philosophisch irrelevant und als bloße Rhetorik aus der theoretischen Diskussion auszuscheiden. Der Rückgriff auf „die Erfahrung der Moderne", bei der auch noch zu fragen wäre, wer es ist, der hier Erfahrungen macht, koppelt die Frage nach der Richtigkeit dessen, was in der Moderne historisch erfahren wird, von der Beschwörung seiner Faktizität vollständig ab und macht das bloße geschichtliche Schicksal und Geschehensein in historistischer Manier unabhängig von Argumenten zu einem Wahrheitsbeweis.

Wenn die Moderne ein *historisches Faktum* war oder ist, kann sie nicht ungeschehen gemacht werden und in diesem Sinne als historisches Ereignis niemandem erspart werden. Wenn *die* Moderne über ihr historisches Geschehensein hinaus jedoch auch heute noch gültig sein soll, müssen diese aufgewiesen werden und bleiben selbstverständlich durch Gegenargumente ablehnungsfähig. Wenn die Moderne mehr sein soll als ein historisches Geschehnis, nämlich ein (unvollendetes) Projekt oder ein Programm, müssen ihre Projektleiter dieses Projekt begründen und philosophisch verteidigen. Wenn dieses Projekt mit guten Gründen widerlegt werden kann, *kann* es auch manchem erspart bleiben. Wenn man der philosophischen Überzeugung ist, daß das Projekt der hegelianischen Moderne nicht nur unvollendet, sondern verfehlt ist, *muß* man seine Verwirklichung sogar der Gegenwart zu ersparen suchen.

Die Verteidigung der Moderne mit Mitteln der Postmoderne hält zwar das *„juste milieu"* zwischen der Moderne und ihrer postmodernen Überwindung. Das *„juste milieu"* zwischen Modernismus und Postmodernität ist jedoch nicht in der Lage, einen neuen Gedanken und die Kraft der Negation für die Überwindung der Krise der Moderne zu erzeugen. Es vermag freilich jenen entgegenzukommen, die das „Projekt der Moderne" nicht aufgeben wollen, auch wenn sie erkennen müssen, daß es philosophisch fragwürdig geworden ist und den Anforderungen der Postmodernität nicht mehr genügt. Die Moderne ist tief mit den Allmachtsphantasien des Menschen verbunden, und, weil wir sie beide, die Allmachtsphantasien und die Moderne, so geliebt haben, ist der Abschied von der Moderne schmerzhaft.

Das vorliegende Buch schließt nicht an die postmoderne oder besser supermoderne Apologie der Moderne, sondern an die dekonstruktivistische Infragestellung der Moderne und an die postmoderne Kritik der Meistergeschichten der Moderne an. Es strebt jedoch danach, die dekonstruktivistische Postmoderne noch einmal zu überwinden zu einer essentialistischen Postmoderne. Das Denken muß zu einem essentiellen Begriff von Postmodernität, der die Moderne als Ideologie verwindet, und zu einer neuen Theorie der Gesamtwirklichkeit gelangen, die als nachmoderne Philosophie erst der Bedeutung des Präfixes *post* gerecht wird. Das Denken darf Postmodernität nicht mit Supermodernität verwechseln. Postmodernität bedeutet, eine spekulative Philosophie zu erarbeiten, die nicht monistisch oder atheistisch wie die modernen Systeme ist, die aber auch nicht nur apologetisch in den dogmatischen Pluralismus oder dekonstruktivistisch in die atheologische Mystik und den Gnostizismus fällt.

Für die postmoderne spekulative Philosophie ist die Weisheitstradition der christlichen und jüdischen Gnosis beziehungsweise Mystik von großer Bedeutung, deren spekulativer, theistischer und personalistischer Charakter über die Monismen der Moderne, aber auch über die traditionelle aristotelisch beeinflußte Metaphysik hinausführt. Postmodernität steht als philosophische Position im Gegensatz zur Haltung und Auffassung der Moderne, daß sich das Absolute differenzlos in dem stählernen Gehäuse des Weltgeistes oder der Dialektik der Geschichte verwirkliche. Postmodernität als philosophische Position hält die Differenz zwischen dem Absoluten und der Geschichte gegenüber der gnostizistischen Negation einer monistischen Dialektik fest. Sie bewahrt die Singularität des Individuums gegenüber der „Aufhebung" des Endlichen im Unendlichen, und sie erhält die Würde der Natur gegenüber der Aufhebung der Natur in den Geist. Postmodernität heißt, die Innerlichkeit des Selbst, die Leiblichkeit des Geistes und die Weisheit in der Natur zu denken.

Die postmoderne Metaphysik ist zugleich als Gnosis religiöse Philosophie. Sie sucht die moderne Trennung von Philosophie und Religion zu überwinden. Gnosis als Metaphysik bedeutet nicht einen spekulativen Inhalt des Denkens, etwa jenen des Gnostizismus des ersten oder zweiten Jahrhunderts, autonom in der Spekulation zu „erzeugen". Gnosis als Metaphysik erfordert vielmehr, sich die Denkform der Gnosis als einer Metaphysik der Geschichte und metaphysischer Anthropologie in spekulativ-kritischer Weise anzueignen und zu prüfen, wieweit sie mit dem Inhalt der offenbarten christlichen Religion und der Tradition in ein Verhältnis der Übereinstimmung oder Konkordanz gebracht werden kann.

Die Prüfungen der Neuzeit bestehen darin, ein Denken zu schaffen, das den Monismus einerseits und die Dekonstruktion durch eine atheologische Mystik andererseits in einer spekulativen Philosophie des Theismus überwindet. Die postmoderne spekulative Philosophie schließt an die

19

Denkbemühung des Deutschen Idealismus, eine Einheit von Philosophie der Geschichte und Metaphysik zu schaffen, an, um über die monistische Geschichtsphilosophie und ihren Begriff von Modernität hinauszugelangen zu einer theistischen Theorie der geschichtlich sich entwickelnden Totalität.

Die Beiträge dieses Buches sind aus Aufsätzen und Vorträgen hervorgegangen, die zum Teil bereits an anderer Stelle veröffentlicht sind. Sie stehen in engem Zusammenhang mit den Beiträgen des Verfassers zur praktischen Philosophie und Wirtschaftsethik, die gleichzeitig unter dem Titel *Wirtschaft als Kultur. Wirtschaftskultur und Wirtschaftsethik in der Postmoderne* ebenfalls in der Edition Passagen veröffentlicht werden. Daß die vorliegenden Beiträge hier in Buchform erscheinen, ist dem Verlag und der Hoffnung des Autors zu danken, daß die vorliegende Zwischenbilanz auf dem Wege zu einem größeren systematischen Buch nicht nur für den Autor, der sich mit ihrer Hilfe seines Denkweges vergewissert, sondern auch für den Leser von Interesse sein mögen.

Hannover und Herdecke, im Mai 1989          *Peter Koslowski*

# Teil I
## Signatur der Zeit

## 1. Kapitel
## Moderne oder Postmoderne?

Man kann eine Grenze erst wahrnehmen, wenn man sie bereits überschritten hat. Das Transzendierende der Grenzwahrnehmung gilt in besonderer Weise für jene Grenzen, welche die Epochenschwellen bilden. Die Gestalt einer Epoche ist erst erkennbar, wenn ihre Akme, ihre volle Ausbildung bereits überschritten ist. Die Moderne empfinden wir heute als eine Epoche, die ihre Akme bereits hinter sich hat. Der Streit um Moderne oder Postmoderne geht nicht um die Feststellung, daß die Moderne ihren Höhepunkt überschritten hat, sondern darüber, ob die Moderne ihre *Vollendung* gefunden hat oder ob auf ihre vollständige Durchführung wegen wichtigerer Vorhaben verzichtet werden kann.

*1. Vom Erhaltungs- zum Entropieprinzip: das Altern der Neuzeit*

Ob die Moderne bereits Vergangenheit ist, und ob sie vollendet ist, sind zwei verschiedene Fragen, die verschiedenen Begriffen von Moderne entspringen. Im ersten Fall wird die Moderne synonym mit Neuzeit verwendet und als historische Epoche nach Antike und Mittelalter verstanden. Von dieser Epoche hat der Universalhistoriker Arnold Toynbee bereits vor 30 Jahren behauptet, daß die Neuzeit, im Englischen *modern times*, in die Post-Moderne übergegangen sei.[1] Welche Indizien gibt es für die Annahme, daß wir an einer weltgeschichtlichen Epochenschwelle leben? Zwei Indizien, zwei Änderungen der Bewußtseinslage legen diese

Annahme nahe: die Entdeckung der Endlichkeit und die Entdeckung der Nicht-Erhaltung. Daß die Neuzeit mit den Gedanken der Selbsterhaltung des Subjekts, der Erhaltung der Bewegung und der Energie und des offenen und unendlichen Weltalls beginnt, ist unbestritten.[2] Die Bedeutung der Galileischen Erhaltungssätze für das mechanistische, moderne Weltbild ist wohlbelegt. Der Satz von der Erhaltung der Energie, der erste Hauptsatz der Thermodynamik ist das zentrale Axiom der Neuzeit. Er begründet die Annahme von der Selbst- und Strukturerhaltung des Seienden und liegt auch allen evolutionistischen Ansätzen der Kosmologie und Biologie zugrunde. Die Strukturen der Welt werden immer komplexer, weil sich die Energie und die Vorstufen der Komplexitätssteigerung erhalten. Komplexitätssteigerung, nicht Komplexitätsminderung oder Regression ist für die Neuzeit das Normale, weil eine bereits erreichte Stufe nach dem Erhaltungssatz in der Zeit dauert.

Der zweite Hauptsatz der Thermodynamik, daß die Strukturen dem wahrscheinlicheren, weniger komplexen Zustand zustreben und daß Wärme von selbst immer nur vom wärmeren zum kälteren Körper und niemals umgekehrt fließt, ist erst später, im 19. Jahrhundert, entdeckt worden und hat das neuzeitliche Bewußtsein bis zu jenem Zeitpunkt, den ich als die Epochenschwelle zwischen Moderne und Postmoderne ansehe, nicht wirklich beeinflußt. Der zweite Hauptsatz der Thermodynamik, das „metaphysischste" aller Naturgesetze, wie es Henri Bergson nannte, ist erst durch den wichtigen Aufsatz von Nicolas Georgescu-Roegen *„Energy and Economic Myths"* von 1972 in der Wirtschaftswissenschaft wiedererinnert und erst mit der im selben Jahr erschienenen, berühmten Studie *Die Grenzen des Wachstums*[3] breitenwirksam und bewußtseinsrelevant geworden. Die Energie- und Rohstoffvorräte der Erde und unseres Sonnensystems sind endlich. Energieformen und Stoffe sind nicht einfach konvertierbar und streckbar, weil Energie *nicht ohne Nebenwirkungen* auf die Umwelt in Arbeit oder Rohstoffe umgewandelt werden kann. Man mag über die Richtigkeit der Prognose der Studie des *Club of Rome* streiten – und manche der konkreten Prognosen haben sich nicht bewahrheitet –, aber man kann nicht leugnen, daß die Studie gemeinsam mit einer anderen ebenso wichtigen und nur vier Jahre später erschienenen Studie von Fred Hirsch *Die sozialen Grenzen des Wachstums*[4] unser „natürliches" und ökonomisches Weltbild revolutioniert hat.

Beide Studien haben die Erhaltungsmetapher und den auf ihr gründenden Wachstums- und Fortschrittsgedanken in eine Krise geführt. Seitdem ist Erhaltung, Selbst- und Strukturerhaltung, wieder etwas Problematisches und nicht wie zu Beginn der Neuzeit Vorausgesetztes. Der zweite Hauptsatz der Thermodynamik, daß unsere Systeme endlich sind und daß Dekadenz wahrscheinlicher ist als Erhaltung, wird das dominante Prinzip der Nachneuzeit sein, so wie der erste Hauptsatz der Thermodynamik, der Erhaltungssatz, das dominante Prinzip der Neuzeit war, sosehr auch immer beide Prinzipien physikalisch zusammengehören. Das ökologische Problem folgt aus dem zweiten Hauptsatz der Thermodynamik, weil dieser Hauptsatz die Endlichkeit der Energien und die Fragilität der natürlichen Strukturen begründet. Die ökologische Frage besiegelt heute das Ende der unbeschränkten Herrschaft des Menschen über die Natur und das Ende der utopischen Hoffnungen der Neuzeit auf vollständige Naturbeherrschung.

Die Erschöpfbarkeit der physikalischen Energien ist verantwortlich für die „Erschöpfung der utopischen Energien", von der Jürgen Habermas spricht. Sie zeigt den Beginn einer postmodernen Epoche an. Die Erschöpfbarkeit der Energien hat nicht nur eine problematische Seite, sie ist nicht nur deprimierend, sondern auch heilsam. Eine Verknappung der physikalischen Energie zwingt uns, verstärkt unsere geistige Energie einzusetzen – nach dem Gesetz von der Substituierbarkeit von Energie durch Information, von Energie durch Wissen. Es gibt nicht nur eine Materie/Energie-Äquivalenz, sondern Materie und Energie können beide durch Intelligenz ersetzt und eingespart werden. Daher ist diese Entwicklung in hohem Maß eine Chance. Wir sehen die Auswirkungen, wenn die Kraftmaschine durch die intelligente Maschine und die industrielle Arbeit alten

Stils durch neue Formen postindustrieller Arbeit ersetzt werden. Das Schlagwort vom Postindustrialismus hängt mit dieser Entwicklung vom ersten zum zweiten Hauptsatz der Thermodynamik zusammen.

## 2. *Die Projektleiter der Moderne und die Avantgarde*

Trotz eines gewissen Konsensus über die Epochenschwelle bleibt die Postmoderne kontrovers, weil von manchen Autoren an einem Projekt der Moderne festgehalten wird, das durch die ökologischen Grenzen und den Untergang der Utopien nicht widerlegt sei. In der Rede vom „Projekt der Moderne" wird von einem anderen Begriff von Moderne als dem historischen ausgegangen. Denn als Epoche hat die Moderne, wenn man sie im Sinne von Neuzeit begreift, nicht ein Projekt, sondern eine ganze Anzahl von Projekten hervorgebracht: Reformation, Gegenreformation, Barock, Aufklärung, Deutscher Idealismus und Marxismus. Jürgen Habermas setzt das Projekt der Moderne mit dem Programm der Aufklärung gleich.[5] Es besteht ihm zufolge in dem vollständigen Reflexivwerden von Tradition. In dieser Totalreflexion der Moderne habe nichts mehr naturwüchsig Geltung, sondern alles rechtfertige sich vor der diskursiven Vernunft. Vernunft werde zum Äquivalent für die vereinigende Macht der Religion.[6] Die Vernunft tritt hier als die Göttin der Moderne wie der Aufklärung auf.

Die Gleichung Projekt der Moderne = Projekt der Aufklärung bringt jedoch wenig Erkenntnisgewinn, weil der äquivoke Begriff Moderne mit dem äquivoken Begriff Aufklärung gleichgesetzt wird. Beide Male wird ein Eigenname für eine Epoche für einen Begriff genommen. Der Eigenname der Epoche der Moderne oder Aufklärung wird mit einem wohldefinierten und inhaltsvollen Begriff verwechselt. Die Aufklärung als Eigenname einer Epoche ist die Bezeichnung einer Epoche der Vergangenheit. Schon als Epoche ist die Aufklärung vieldeutig und vielschichtig.[7] Sie enthält die verschiedensten Richtungen idealistischer und materialistischer, deistischer und atheistischer Art und paßt nicht in das Schema eines Programmes, wie es Habermas unterstellt. Aufklärung als generischer Term, als Allgemeinbegriff, ist dagegen nur sinnvoll mit der Angabe eines Objektes und Adressaten: Aufklärung von jemandem über etwas. Totalaufklärung ist kein sinnvoller Begriff, weil derjenige, der über alles aufgeklärt ist, Gefahr läuft, vor lauter Transparenz gar nichts mehr zu sehen. Ein Projekt der Aufklärung oder Moderne im Sinne des Eigennamens Aufklärung zu statuieren, ist ebenso sinnvoll und berechtigt, wie ein Projekt der Hochscholastik oder des Barock heute zu vertreten. Man kann die Reprise einer Epoche fordern, aber man vertritt dann ein historisches Programm mit allen Mängeln einer Reprise. Im Falle des Projekts der Moderne wird der historische Charakter dieses Programms nur durch den Sachverhalt verschleiert, daß die Moderne als Eigenname einer Epoche mit Modernität als Begriff für eine Eigenschaft, mit modern als Attribut für neuzeitlich merkwürdig vermengt wird.

Das Projekt der Moderne erscheint Habermas als das Projekt, das modern ist. Dies galt nur, solange die Gegenwart, das Jetzt, „die Moderne", und das, was in ihr „modern" und die Avantgarde war, ebenfalls die „Moderne" war. Die Äquivozität in dem Begriff Moderne und dem Attribut modern kann vermieden werden durch eine genauere Festlegung des Sprachgebrauchs, wenn man „modern" als Attribut für „neu" oder „neuestes" mit der Neubildung „in" gleichsetzt: modern ist, was „in" ist. Die Modernen wären als diejenigen zu bezeichnen, die „in" sind, der Begriff „die Moderne" im Sinne eines Programmes der Moderne müßte ganz aufgegeben werden und nur noch mit dem Zusatz „Projekt der Moderne" verwendet werden. Da aber diese „Orthosprache" nicht durchsetzbar sein wird, werden der historische Epochenbegriff und der Programmbegriff der Moderne noch lange parasitär an der Suggestion des Attributs „modern" teilhaben. Das Projekt der Moderne profitiert und profitierte von der Suggestion der Rede vom fortgeschrittensten Stand des Bewußtseins,[8] das eben das moderne Bewußtsein – oder das Bewußtsein des Projekts der Moderne – sei. Dahinter steht die irrige Ansicht, daß es so etwas wie *ein* fortgeschrittenstes Bewußtsein in jeder Epoche gäbe, und daß dieses ein Projekt sei, das sich irgend jemand zu eigen machen könne, und daß jener damit zum Projektleiter der Moderne werde.

Grundlage dieser Fortschrittsanmaßung einer Gruppe, der des fortgeschrittensten Bewußtseins, ist die hegelianisch-marxistische Dialektik der Unwiederholbarkeit im Geistigen. Was einmal historisch zur Gegenwart geworden ist, ist die höchste Stufe des Geistes, unwiederholbar, unüberbietbar und sogleich wieder hoffnungslos überholt: „auf dem Misthaufen der Geschichte." Demgegenüber ist an ältere Traditionen zu erinnern, so zum Beispiel an Gershom Scholems Kennzeichnung der jüdischen mystischen Tradition: alles Geistige ist aufzubewahren, weil seine Stunde vielleicht wiederkommt. Das ist die Gegenposition zu der Annahme, daß es im Geistigen immer nur *eine* Stufe gibt und daß die gegenwärtige die höchste Stufe ist, weil sie die jüngste ist.

Mit dieser Annahme von der Gegenwart als der unwiederholbaren und höchsten Stufe des Bewußtseins hängt die Vorstellung von der Avantgarde als der Trägerin dieses fortgeschrittensten Bewußtseins zusammen.

Jacob Taubes hat Überlegungen angestellt über das Verhältnis von Avantgarde und Elite, die zunächst sehr einleuchtend erscheinen. Er sagt, die Avantgarde unterscheidet sich von der Elite dadurch, daß die Avantgarde einen Führungsanspruch nur so lange und deshalb erhebt, um die Masse auf ihren Bewußtseinsstand zu heben und sich als Avantgarde dann wieder in die Gesamtheit, die Masse aufzulösen. Avantgarde sei nur temporäre, vikarische Elite, stellvertretend, bis sich ihre Funktion erfüllt hat und sie sich in die Masse auflösen kann, während die Vorstellung einer Elite davon ausgehe, daß sich die Elite immer als ausgewählte Gruppe erhält und auf Erhaltung ihrer herausgehobenen Position aus ist. Das klingt zunächst sehr überzeugend. Nur: findet die Auflösung der Avantgarde wirklich statt? Und ist das nicht ein Anspruch, den sie gar nicht einlösen *kann*, weil wir immer Arme im Geiste unter uns haben werden? Der zweite Einwand ist, daß eine solche Avantgarde jeder Legitimation, jedem Zwang zur Legitimation vor denen, in die sie sich in der Zukunft auflösen wird, enthoben ist, solange jener Endzustand, in dem ihre Auflösung erfolgen soll, noch nicht erreicht ist. Der Begriff der Avantgarde, wie ihn Taubes vertritt, ist noch elitärer als der klassische Begriff der Elite, die sich durch ihre Leistung vor der Masse hier und jetzt legitimieren muß. Da beide Formen der Macht, die Avantgarde und die Elite, ihre Schwierigkeiten haben, sollte man vielleicht besser auf beide, auf Eliten und Avantgarden, verzichten und dem platonischen Ideal der sozialen Gliederung nach Kompetenz folgen: jeder hat soviel zu sagen, wie er zu sagen hat.

Entscheidend ist etwas anderes: Jede wirkliche Avantgarde und inspirierte Führerschaft muß sich an die Wissensformen der Vergangenheit anschließen. Wo dies nicht geschieht, treten die Probleme der Dialektik der Unwiederholbarkeit im Geistigen und die Anmaßung des fortgeschrittensten Bewußtseins auf.

Wer in der Welt das fortgeschrittenste Bewußtsein hat, können wir nicht wissen, weil wir nicht wissen, welches Wissen dem jetzigen Zustand der Welt am besten entspricht. Vielleicht gibt es irgendwo in der Welt eine kleine Gruppe, die mehr vom richtigen Leben weiß als wir. Vielleicht ist die theologische Gnosis das Wissen einer solchen Gruppe, weil dieses Wissen an eine Jahrtausende alte Tradition des christlichen Glaubens und Forschens und auch an Geheimwissen anschließt, an Wissensformen, die in vielem den Test der Zeit bestanden haben und die nicht in engen Effizienzgesichtspunkten denken.

Die Theosophie oder theologische Gnosis bemüht sich ihrem Namen nach nicht nur um Wissen, sondern um Weisheit, um die Sophia, um Gottes Himmlische Tochter, die nach dem *Buch der Weisheit* (7,22 – 24), der ersten großen Fusion von Judentum und Griechentum, vor Gott spielt und dort so gepriesen wird: Die Weisheit ist aller Dinge Bildnerin.

Denn es wohnt ihr ein Geist inne: denkend, heilig, einzigartig, vielfältig, fein, beweglich, durchdringend, unbefleckt, klar, unverletzlich, das Gute liebend, scharf, unhemmbar, wohltätig, menschenfreundlich, sicher, fest, arglos, alles vermögend, alles beobachtend und alle Geister durchdringend, die denkenden, reinen und feinsten. Denn beweglicher als alle Bewegung ist die Weisheit; sie geht hindurch und durchdringt alles vermöge ihrer Reinheit.

In ihr ist das ursprüngliche Wissen Gottes personifiziert.

Zwischen Autoren der theosophischen Tradition der Philosophie wie Clemens von Alexandrien, Origenes, Friedrich Christoph Oetinger und Franz von Baader besteht Übereinstimmung darin, daß das Wissen vom Menschen und das Wissen von Gott unmittelbar zusammenhängen: Nur wer den Menschen kennt, kennt Gott, und nur wer Gott kennt, kennt den Menschen.

Es geht nicht nur um Wissen, sondern auch um Weisheit. Was aber unterscheidet Wissen und Weisheit? Robert Spaemann hat die Differenz von Wissen und Weisheit so zusammengefaßt: „Es gibt Dinge, die erscheinen auf den ersten Blick sehr klug, aber auf den zweiten Blick gar nicht mehr so klug." Weise ist das, was auch auf den zweiten Blick noch klug ist, was seine Nebenwirkungen mitberücksichtigt. „Aufmerksamkeit als Vorstellungskraft und -trieb ist der Anfang der Moralität" (Fichte) und die Voraussetzung der Weisheit.

Hinter der Idee der Weisheit steht die Vorstellung, daß wir die Nebenwirkungen unseres Wissens und Handelns deshalb mit der höchstmöglichen Subtilität berücksichtigen müssen, weil wir unser Handeln an das Sein anzupassen, in das Sein einzufügen haben. Die technische Intelligenz ist in diesem Sinne klug, aber nicht weise, weil sie nur auf die Wirkung des ersten Blicks achtet. Sie ist effizient in bezug auf die Hauptwirkung, aber sie ist nicht behutsam. Sie ist einschneidend, geradlinig prägend und ihren Stempel aufdrückend, aber sie ist in ihrem Gestalten nicht behütend, weil sie das Eigensein ihres Gegenübers nicht beachtet. Sie kennt klug nur die Hauptwirkung ihres Tuns, nicht aber die Nebenwirkungen des Handelns. Sie beachtet nicht die

Rückwirkungen des Seins, das ja von sich her immer schon ein Eigenrecht und eine Eigenordnung hat. Es geht um die Geschmeidigkeit des Denkens. Die Geschmeidigkeit des Denkens wird erreicht, wenn bewußt wird, daß die Dinge von sich her einen eigenen geistigen Gehalt haben, und versucht wird, sich an diesen Gehalt „anzuschmiegen". Was Max Scheler die „Erkennbarkeit der Welt" genannt hat, beruht darauf, daß die Welt in ihrem Ursprung und in ihrem Wesen selbst geistige Struktur hat, daß sie als Erkannte geschaffen ist und die Sophia, die in der Welt ist, auch noch enthält. Wir können nur erkennen, wenn wir das wiedererkennen, was in der Welt schon ist. Wenn wir im Erkennen nicht wieder aufnehmen könnten, was in der Welt an intelligibler Substanz immer schon ist, würde unser Erkennen an der Welt, an der puren Gegenständlichkeit abprallen.

Die Geschmeidigkeit des Denkens und die Idee einer weisen Technik im Sinne der hier vorgelegten Definition von Weisheit als eines Handlungswissens, das seine Nebenwirkungen berücksichtigt, kann an drei Beispielen gezeigt werden. Zuerst am Beispiel der Nebenwirkungen in der Medizin. Im ärztlichen Handeln muß nicht nur die unmittelbare Effizienz in bezug auf die Hauptwirkung, sondern das gesamte Wirkungsgefüge berücksichtigt werden. Zum zweiten in der Ökonomie, wo das Problem der Nebenwirkungen unter dem Begriff der Externalitäten abgehandelt wird, die über die unmittelbaren wirtschaftlichen Wirkungen, die im Vertrag festgelegt sind, hinausgehen. Externalitäten betreffen die Wirkungen unseres Wirtschaftshandelns auf Dritte und die Umwelt. Wenn man zum Beispiel die Flurbereinigung in Bayern betrieben hat, um eine Steigerung des Ertrags herbeizuführen und nach der Flurbereinigung plötzlich bemerkt hat, daß viele Biotope verschwunden sind und kein Platz mehr ist für die natürlichen Arten der früheren Biotope, muß man diese jetzt künstlich wieder schaffen, eine „Flurentreinigung" durchführen. Man tut das auch und muß jetzt die Bauern dafür bezahlen, daß sie die Flurbereinigung rückgängig machen und künstliche Biotope schaffen. Ein Fall von Nebenwirkungen in der

Ökonomie, eines ökonomisch zunächst klugen, aber nicht weisen Handelns.

Schließlich drittens: das Problem der Nebenwirkungen in der Erziehung. Eduard Spranger hat dieses Problem in die Diskussion eingeführt. Jede Vorstellung von Erziehung und Pädagogik, die sich an einer Hauptwirkung orientiert, daß der Zögling am Ende des Erziehungsprozesses *eine* Fertigkeit können muß, wie es als Ziel den modernen Curricula zugrunde liegt, geht am eigentlichen Prozeß der Erziehung vorbei. Dieser besteht darin, daß die Nebenwirkungen des Wissensvermittlungsprozesses auf das Gegenüber berücksichtigt werden, daß beachtet wird, was der zu Erziehende mit dem Erlernten macht, wie er das Pensum schöpferisch aufnimmt und es verwandelt für seine Person. Werden diese Rückwirkungen in der Erziehung nicht miteinbezogen, internalisiert, werden nur Marionetten oder curriculare Schemata erzogen.

An der Aufgabe des weisen Umgangs mit Nebenwirkungen und an den Wissensformen, die dafür nötig sind, zeigt sich, daß die Steigerung der Macht, die Steigerung der Technik, nur beherrscht werden kann, wenn mit der Macht und der Gestaltungsmächtigkeit auch das Leidenkönnen und die Leidensfähigkeit zunehmen. Die Berücksichtigung von Nebenwirkungen im eigenen Handeln enthält ein Moment der Fähigkeit des Erleidenkönnens unseres eigenen Handelns, setzt Erleidenkönnen der Rückwirkungen, die das eigene Handeln von der Umwelt, vom Sein erfährt, voraus. Oder wie es Plotin ausgedrückt hat: Die meisten Menschen sind zum Betrachten und damit auch zum Erleidenkönnen zu schwach und flüchten sich in die Aktion. Diese Schwäche gilt heute für die gesamte Gesellschaft der Moderne.

### 3. Die Wissensformen des Absoluten: Philosophie und Gnosis

Die linkshegelianischen Grundlagen des Denkens der Projektleiter der Moderne sind offensichtlich: das Bewußtsein oder die Vernunft entfalten sich historisch in den Subjekten, deren Avantgarde die höchste historisch mögliche Form bildet. Das Projekt der Moderne ist im letzten eine linkshegelianische Theorie des Absoluten beziehungsweise der absoluten Vernunft. Die Vernunft soll ihre vorgegebenen Naturbedingungen sukzessive in reine Vernunftbedingungen aufheben, die Vernunft soll die Totalität werden. Die werdende Vernunft ist das Zusichkommen des absoluten Geistes, so Hegel, oder die Gottwerdung des Menschen, so Ludwig Feuerbach, oder die Emanzipation des Menschen zum Gattungswesen Mensch, so Marx.

Die Frage ist jedoch, ob die Vernunft das Absolute und die Totalität sein kann. Nach Fichte ist das Absolute dasjenige, was die Totalität von sich auszuschließen vermag.[9] Für den frühen Fichte war dies noch das absolute Ich des Subjekts, das das Nicht-Ich aus sich setzt. Dem späten Fichte wurde immer deutlicher, daß das Ich des Subjekts nicht das Absolute sein kann, weil es immer von einem anderen abhängig bleibt: keiner gebiert sich selbst und keiner stirbt sich selbst. Nur das Absolute selbst ist das Absolute. Nur es vermag die Totalität als Erscheinung seiner selbst von sich auszuschließen. Die Vernunft ist nicht das Absolute, weil sie die Wirklichkeit nicht hervorbringt, sondern immer auf ein anderes, das nicht sie selbst ist, verwiesen bleibt. Die Vernunft ist das Erscheinen der Wirklichkeit, die wiederum Erscheinung des Absoluten ist. In der Vernunft erscheint sich die Erscheinung des Absoluten, aber die Vernunft ist nicht Erscheinung des Absoluten selbst.[10]

Die Frage des Deutschen Idealismus war die Frage nach dem Absoluten, ob das Absolute erkannt werden kann. Kann Gott gewußt werden, ist die Frage der theosophischen Tradition. Theosophia heißt Gottesweisheit oder Wissen von Gott. Gegen den Anspruch, dem Menschen sei die Weisheit als ein ein für alle Mal erwerbbarer Besitz zugänglich, erhob sich schon früh die Skepsis der Philosophen bei Pythagoras und Sokrates/Plato, die sich bescheidener „Philosophen" nannten, Liebhaber der Weisheit, und nicht *Sophoi*, Weise, oder „Theosophen", Gotteswissende. Aus der sokratischen Ironie und der platonischen, dialektischen Kritik an den Dichtern und ihrer Theologie stammt die Ablehnung oder Skepsis der Tradition der Philosophie gegenüber der Tradition der Theosophie. Die Frage ist immer noch offen, was in dem Bereich der philosophischen Theologie oder der Gotteserkenntnis gewußt werden kann. Wenn philosophisch das Christusereignis als Tatsache axiomatisch angenommen oder geglaubt wird, dann kann über Gott mehr gewußt werden, als Plato wußte oder glaubte, wissen zu können. Denn vom Axiom der tatsächlichen Menschwerdung Gottes her wird die Trinität und das Geschehen von Schöpfung, Fall und Erlösung, das große Epos der Menschheit, wißbar. Natürlich ist dieses Wissen als Wissen axiomatisch wie vieles andere Wissen. Es beruht auf einem Axiom, dem Axiom, daß die Menschwerdung Gottes ein historisches Ereignis war.

Die Wißbarkeit des Absoluten ist auch das Ziel der Gnosis als besonderer Form des Wissens, als Erlösungswissen. Ist das gnostische Wissen Vernunftwissen und ist es nur Vernunftwissen? Es kann nicht nur Vernunftwissen sein, es muß Wissen des ganzen Menschen sein. Es ist nicht gegen die Vernunft, aber es ist mehr als die Vernunft, weil die Vernunft nicht das Absolute ist, sondern das Absolute das Absolute ist. Was der Deutsche Idealismus in einer Zweideutigkeit gelassen hat, ist die Frage, ob unser Wissen und die Kategorien unseres Wissens über dem Absoluten stehen, so daß das Absolute noch diesen Kategorien unterworfen ist, oder ob das Absolute über den Kategorien unseres Wissens steht. Müssen wir nicht die Kategorien unseres Wissens im Zweifelsfall der Ahnung des Absoluten unterwerfen?

Wenn die Vernunft absolut wird, wird sie absolute Vernunftherrschaft. Absolute Vernunftherrschaft war die Forderung mancher Zweige der historischen Aufklärung. Wo das Absolute verendlicht wird, mit einem Endlichen gleichgesetzt wird, kommt jedoch der Totalitarismus, der Schrecken des Endlichen, das sich zum Unendlichen macht, auf. Diese Schreckensherrschaft des Endlichen kann unter Bedingungen des Agnostizismus nur vom Anarchismus, also der Beliebigkeit des *anything goes* überwunden werden, weil im Agnostizismus kein wirkliches, geistiges Widerlager gegen das Endliche, das sich zum Absoluten aufplustert, zur Verfügung steht. Wenn der Anarchismus und seine Beliebigkeit das letzte Wort bleiben, führt dies zum Nihilismus und gesellschaftlichen Minimalismus.

Absolute Vernunftherrschaft ist ein verfehltes Projekt der Moderne, weil die Vernunft nicht das Absolute ist und daher über das ihm andere, das Gefühl, den Leib, die Natur, immer nur herrschen, sich nicht mit ihm versöhnen kann, wenn sie absolute Ansprüche stellt. Die neuen französischen Denker der Postmoderne wie Jean-François Lyotard und André Glucksmann haben diesen totalitären Charakter der Vernunftherrschaft in bestimmten Ansätzen des Deutschen Idealismus deutlich gemacht.[11] Ihre Kritik ist in der deutschen philosophischen Diskussion noch nicht hinreichend beachtet worden. Die neuere französische Kritik hat jedoch ihrerseits die Selbstkritik des Deutschen Idealismus beim späten Fichte, späten Schelling und beim Hegel der religionsphilosophischen Vorlesungen nicht hinreichend beachtet. Die profunde Zweideutigkeit des Deutschen Idealismus besteht einerseits in der „Frömmigkeit seines Denkens", seinem Ziel, das Absolute zu *denken*, andererseits im Absolutnehmen des eigenen Denkens: Die Kategorien des Denkens stehen noch über dem Absoluten und nicht umgekehrt. Erkennen ist nicht mehr Nach-Denken der archetypischen Gedanken Gottes, sondern die Welt ist Produkt unseres Denkens im Erkennen: sie ist Erscheinung nach unseren Kategorien.

Das Projekt des Deutschen Idealismus ist im letzten ein Projekt der Entgründung des Grundes: der Urgrund soll noch einmal hinterfragt und „begründet" werden. Dieses Bestreben muß zweideutig sein, denn wie soll der Grund noch einmal ent- oder begründet werden? Zwei Gefahren, die großen Gefahren der Moderne, sind aus diesem entgründenden Denken des Deutschen Idealismus entstanden:

Die erste Gefahr ist die des „Super-omismo", wie es der italienische Philosoph Augusto del Noce genannt hat, der „Übermenschentumismus". Der Mensch erfährt in dem Entgründen des Grundes, in dem noch Zurückgehen hinter den Urgrund, ein unglaubliches Machtgefühl in seinem

Denken. Er vermeint, die ganze Welt in seinem Denken zu schaffen. Dem Deutschen Idealismus muß in dieser Überschätzung des Menschen der Vorwurf der Anthropolatrie gemacht werden. Nun ist es interessant, daß von Vertretern der Moderne der gnostischen und theosophischen Tradition der Vorwurf gemacht wird, sie sei Anthropolatrie, sie würde den Menschen vergötzen, ihm eine Wichtigkeit geben, die ihm gar nicht zusteht. Die Gottebenbildlichkeit des Menschen sei ja Anthropolatrie, da wollten wir uns nur wichtig machen. Auf der anderen Seite ist in der Feuerbachschen/Marxschen Tradition der Moderne der Mensch dem Menschen das *höchste* Wesen, was ein noch stärkeres Moment von Anthropolatrie darstellt. Eine merkwürdige Zweideutigkeit ist im ganzen Linkshegelianismus bei Feuerbach, Marx und ihren Anhängern zu finden. Einerseits wird der Prozeß der Geschichte völlig anonym als bloßer Prozeß gedacht, in dem wir alle nur Werkzeuge sind, und andererseits führt dieser Prozeß – man weiß nicht wie – zum Menschen als dem höchsten Wesen. Plötzlich kommt im blinden, subjektlosen Prozeß der Geschichte die Gattung Menschheit als das höchste Wesen heraus, als das eigentliche Ideal, das wir uns zu setzen haben. Die zweite Gefahr dieses Denkens ist die des Verlusts des Eigenrechtes der Dinge. Wenn der Blick für das Eigenrecht der Dinge und der Natur verlorengeht, wird auch das Naturrecht als Recht der Natur nicht mehr anerkannt. Die Natur hat ihr Recht unabhängig davon, ob wir sie und ihr Recht so denken, wie wir sie nach den Kategorien unseres Verstandes denken sollen. Sie ist da, wir haben sie nicht hervorgebracht.

Die Rezeption des Deutschen Idealismus ist eine für Deutschland entscheidende Angelegenheit des bewußten Denkens. Sie war jedoch im 19. Jahrhundert und bis in unsere Zeit vor allem eine protestantische Angelegenheit. Der Katholizismus verschloß sich weitgehend gegenüber dem Deutschen Idealismus. Entscheidend für die Analyse der Moderne und für ihre Überwindung ist auch die Frage, wie sich das Erbe der Romantik und die romantische Vernunft- und Idealismuskritik zur geistigen Erbschaft des

Deutschen Idealismus und der Moderne verhält. Die Romantiker erscheinen uns heute, gerade weil sie auch Kritiker des Idealismus waren, als die eigentlichen Realisten, die den Problemdruck der Moderne und den problematischen Charakter der gesellschaftlichen Modernisierung seit der Industrialisierung schärfer gesehen haben als die reduktionistischen „Realisten" und Aufklärer.

Eine Mittlerrolle kommt der theosophischen Naturphilosophie und Naturmystik der platonisch-pythagoreischen Tradition und jener Linie, die über die Alchemie und Jakob Böhme in die Moderne führt, zu. Diese Tradition vermag über den Akosmismus der protestantisch geprägten Moderne und den Materialismus der Naturwissenschaften zu einem neuen Naturverständnis zu führen. Sie wird eine Schlüsselstellung in der Auseinandersetzung mit dem Agnostizismus und Materialismus des modernen Bewußtseins einnehmen. Die theosophisch-gnostische Tradition der Philosophie versucht die Wissenschaften nicht unter der Prämisse: *etsi Deus non daretur*, sondern unter der Prämisse: *etsi Deus daretur!* zu betreiben. Mit dem Verlust des Gottesbegriffes ist zugleich der Lebensbegriff gefährdet. Die Materialisten geben mit dem Gottesbegriff zugleich den Lebensbegriff preis. Der Materialist ist ein Mensch, der an sein eigenes Leben nicht glaubt (Louis-Claude de Saint-Martin).

In der gegenwärtigen religiösen Situation stellt sich die Aufgabe einer Vermittlung zwischen dem Offenbarungspositivismus und Fideismus einerseits und den spekulativen und theosophisch-gnostischen Traditionen des Christentums andererseits. Diese Vermittlung ist weder von katholischer noch von protestantischer Seite bisher hinreichend geleistet worden. Die Erinnerung der theosophisch-gnostischen Tradition könnte zwischen den beiden konfessionellen Antipoden der Neuzeit vermitteln. Der konfessionelle Konflikt ist ein Kind der Neuzeit. Die theosophische Tradition könnte die konfessionellen Verhärtungen der Neuzeit aufweichen. Sie könnte andererseits auch der Gefahr der dogmatischen Versteinerung des Katholizismus wehren. Gegen diese dem Wunderbau der katholischen Kirche eigene Gefahr hatte bereits Franz von Baader eingewendet: Christus hat die Kirche zwar auf einen Fels gebaut. Aber er hat nicht gesagt, daß sie dabei selbst zu Stein werden solle.

Die Postmoderne zeigt eine spirituelle und religiöse Signatur. Sie erinnert sich der Tatsache, daß Kultur und Gesellschaft immer eine religiöse Dimension haben. Damit schließt sie an das Mittelalter an und bringt sich zugleich in eine Gegnerschaft gegen das linkshegelianische „Projekt der Moderne".

Das Projekt der gegenwärtigen Projektleiter der Moderne in Deutschland ist widersprüchlich und restaurativ. Es ist widersprüchlich, weil es mit der Moderne eine Phase vollenden will, die, wie das postmoderne Bewußtsein zeigt, nicht mehr „modern" ist, es ist restaurativ, weil es Vergangenes, nämlich den Linkshegelianismus, am Leben zu erhalten versucht. Der Linkshegelianismus und Marxismus als der Diskurs der Moderne sind eine Form der Gnosis ohne transmundanen Erlöser. In dem stählernen Gehäuse der Geschichte entfalten sich der Weltgeist beziehungsweise die Produktivkräfte oder der Diskurs auf jeder Stufe in einer notwendigen Gestalt. Die Geschichte wird aber nicht von einem Weltgeist, der sich mit Notwendigkeit entfalten muß, und auch nicht nur von *einem* Diskurs bewegt. Es gibt nicht nur *eine* Moderne, sondern nur die Diskurse unterschiedlicher Modernismen. Der Begriff der Postmoderne ist befreiend, weil er aus dem stählernen Gehäuse der Geschichte, aus jener *heimarmene* ohne göttliches *pleroma* der Geschichtsphilosophie, aus dem Weltgeist, der doch nur der Fürst dieser Welt ist, herausführt in die Wiedergewinnung der Freiheit der Geschichten und der Diskurse und in ein neues Verhältnis zu dem, was nicht Vernunft ist, zum Absoluten und zur Natur.

Gegen die Diktatur des Allgemeinen und der Kollektivsingulare beziehungsweise jener Bildungen, die nur noch als *singulare tantum* vorkommen, setzt das postmoderne Denken die Vielheit der Pluralbildungen. An die Stelle des einen Diskurses, des einen Konsenses, *der* Geschichte, *des* Fortschritts, *der* Evolution treten die Diskurse, Geschichten, Übereinstimmungen, Fortschritte und Evolutionen der geschichtlichen Prozesse und ihrer Erscheinung im Spiegel der Vernunft. Für das postmoderne Denken gibt es nur zwei Singulare, das einzigartige Individuum, die Leibnizsche Monade, die durch ihr gesamtes Sein individuiert wird und durch einen Eigennamen als starrer Designator festgelegt wird, und das Absolute. Über das Allgemeine des Hegelschen Begriffs zurückgehend schließt das postmoderne Denken an die Leibnizsche Theorie der Monade und ihre Singularität an.[12]

Ein Nachweis für die notwendige Vielheit der Diskurse ist das Nebeneinanderbestehen von Esoterik und Exoterik in allen Wissensformen. Es gibt in der Philosophie und Wissenschaft nicht immer nur einen Diskurs und eine fortgeschrittenste Stufe des Bewußtseins, sondern in der Geschichte bestehen immer mehrere Diskurse nebeneinander. Daß die esoterischen Denkformen auch in den Wissenschaften existieren, ist ein Beweis dafür, daß es aufgrund unterschiedlicher Einsicht *innerhalb* einer Wissensgemeinschaft gar nicht nur einen Diskurs geben *kann*. Aus den „unterirdischen" Strömungen kommen oft vorwärtsweisende Gedanken wieder ans Licht. Sie widerlegen die Hegelsche Dialektik der Unwiederholbarkeit im Geistigen. Warum soll nicht etwas verlorengegangen sein und dann wiederkommen? Es wäre absurd anzunehmen, wir könnten nicht vergessen, auch etwas Wichtiges vergessen. Bestimmte Nebendiskurse sind oft wichtiger als der mächtigere Hauptdiskurs, der vielleicht nur Diskurs der Macht ist.

## 4. Die Postmoderne als Zeitgewinn

Der Begriff Postmoderne enthält ein Moment der Befreiung, weil er aus den Obsessionen der Moderne herauszuführen vermag, aus dem Weltbürgerkrieg zwischen Ost und West um die richtige Interpretation der Hegelschen Geschichtsphilosophie. Wir müssen den Ost-West-Konflikt als einen Konflikt um die Interpretation der Hegelschen Geschichtsphilosophie interpretieren und nicht nur als Konflikt über ökonomische Fragen. Über ökonomische

Fragen, wie man eine Fabrik organisiert, kann man sich vergleichsweise schnell einigen. Und man kann sich eher – jedenfalls erleben wir im Augenblick eine solche Entwicklung – über Fragen der Wirtschaftsordnung einigen als über die Fragen, die noch hinter dem Weltkonflikt um die Wirtschaftsordnung stehen, nämlich die Auseinandersetzung um die Geschichtsphilosophie und die Metaphysik. Die neuere Entwicklung in der Sowjetunion zeigt, daß im ökonomischen Bereich sich Annäherungen anbahnen. Aber die Geschichtsphilosophie und die Metaphysik sind davon noch nicht berührt. Der Streit zwischen Ost und West ist wesentlich der, ob das Absolute seine Verwirklichung in der Menschheit und ihrem Statthalter, dem Proletariat, findet, wie es die Linkshegelianer angenommen haben, oder ob das Absolute seine Verwirklichung im menschgewordenen Gottessohn bereits in einer gewissen Weise gefunden hat. Es ist der Streit zwischen dem Hegelianismus, den Links- *und* Rechtshegelianern einerseits und der theistischen Philosophie andererseits.

Die theistische Philosophie Franz von Baaders, Immanuel Hermann Fichtes und des späten Schelling hat man seit 150 Jahren abgetan und tut so, als wären ihre Vertreter philosophische Reaktionäre und nur die Hegelianer „fortgeschrittenste Form des Bewußtseins". Dies zeigt sich uns heute eher umgekehrt: die theistische Philosophie hatte bereits im letzten Jahrhundert recht. Wäre sie zwischen Hegelianismus und Positivismus im Ausgang des 19. und in der ersten Hälfte des 20. Jahrhunderts zu größerer Wirksamkeit gekommen, wären der Moderne einige Menschenopfer für das höchste Wesen Mensch erspart geblieben. Der Ost-West-Konflikt ist die Fortsetzung jener Auseinandersetzung, die seit dem Hegelianismus und seinem Auseinanderfallen in die rechte und linke hegelianische Schule um die Alternative Monismus oder Theismus geführt wird, und die Postmoderne muß mit der Überwindung der Frontstellung der Moderne auch die metaphysische Frontstellung des Ost-West-Konflikts zu überwinden helfen.

Die Postmoderne führt aus dem stählernen Gehäuse der Geschichtsphilosophie und ihrem Dreischritte-System von

Antike, Mittelalter und Neuzeit heraus. Sie bewirkt damit einen Zeitaufschub. Das triadische System führt, wenn es von der göttlichen Trinität auf ein innerweltliches Entwicklungsschema transformiert wird, in die Irre: Hegels Abfolge des Reiches des Vaters = Antike, Reiches des Sohnes = Mittelalter und des Reiches des Geistes, der Neuzeit als dem endgültigen Reich des Geistes, ist zu nahe der Vorstellung eines Dritten (endgültigen) Reiches. Wenn im triadischen Schema das erhoffte Reich der Vernunft in der Moderne nach knapp 200 Jahren Aufklärung ausbleibt, sind nicht nur die utopischen Energien erschöpft, sondern ist auch die Gefahr groß, daß die Vernunft völlig an sich selbst verzweifelt.[13] Die Abkehr vom Dreischritt Antike, Mittelalter, Neuzeit zur Postmoderne bewirkt den Zeitgewinn des vierten Zeitalters, das die Tetraktys der Pythagoreer erfüllt. Es antwortet auf die alte Frage von Platos *Timaios* und aller Pythagoreer: wo ist der vierte geblieben?[14] Die Postmoderne ist der Aufhalter dessen, was nach dem Scheitern der geschichtsphilosophischen Naherwartung des Utopismus der Moderne eigentlich eintreten müßte: der Untergang. „Die Bestimmung des Menschen ist sich selbst zu zerstören. Aber dazu muß er freilich erst würdig werden; noch ist ers nicht."[15] Die Epoche der Postmoderne ist die Zeit, die den Menschen bleibt, um des Untergangs würdig zu werden.

Die Moderne fällt immer von einer extremen Gemütslage in die andere. Sie führt konsequenterweise in den Utopismus, die Apokalyptik oder den Nihilismus. Es ist da ein klares Schema: Wenn ihre utopische Naherwartung enttäuscht wird, fällt die Moderne in apokalyptische Verzweiflung, und wenn diese enttäuscht wird, weil die Apokalypse nicht eintritt, verfällt sie dem Nihilismus. Es wiederholt sich das Schema der Spätantike: *When prophecy fails, apocalypticism,*[16] *when apocalypticism fails, gnosticism.*[17] Wenn die prophetische Naherwartung im Christentum nicht eintritt, kommt Apokalyptik auf, wenn diese nicht eintritt, Gnosis. Daß die utopische Prophezeiung und Naherwartung der Utopien heute enttäuscht sind, ist offensichtlich. Nach Foucault gibt es zum erstenmal seit 1917 oder gar 1848 auf der Welt keinen einzigen Punkt, durch den das Licht einer Hoffnung scheinen könnte ... Wir müssen ganz von vorne anfangen und fragen: Von wo aus kann man die Kritik an unserer Gesellschaft leisten, ... da ja alles, was diese sozialistische Tradition in der Geschichte hervorgebracht hat, zu verurteilen ist.[18]

Man kann über Foucaults Analyse streiten, nicht aber darüber, daß in der Tat die Hoffnungen der Utopien heute in so massiver Weise enttäuscht sind, daß wir auf sie nicht mehr setzen können.

Die Spätantike hätte auf eine solche Entwicklung mit der Gnosis geantwortet. Was heute zu beobachten ist, ist, daß statt der Gnosis und der Religion der Nihilismus eintritt. Was wir erleben, ist eine Modifikation des spätantiken Schemas. Die utopische Naherwartung ist enttäuscht worden, ebenso die apokalyptische. Statt der Gnosis tritt jedoch der Nihilismus ein. Er steht als unheimlicher Gast nicht mehr *vor* der Tür, er ist bereits zur Tür hereingekommen. Wir sollten – statt zum Nihilismus und zu Nietzsche nach der Enttäuschung von Utopie und Apokalyptik zurückzukehren – das Schema der Spätantike wiederaufnehmen und den Nihilismus durch die Gnosis ersetzen.[19]

Philosophische Gnosis und gnostisches Christentum sind nicht Schwundstufen der Philosophie oder des christlichen Glaubens, sondern die Form der erkennenden Religiosität und der religiösen Erkenntnis. Sie sind nicht bloße Intellektuellenreligion in dem Sinne, in welchem Max Weber mit der ganzen Verachtung des strengen, vermeintlich wertfreien Wissenschaftlers sagte: „Gnosis, das ist ganz spezifische Intellektuellenreligion" – so als dürfe man als Intellektueller entweder keine Religion haben oder wenn man eine brauche, dann doch bitte nur Kinderglauben. Webers Heroismus entspricht Voltaires Männlichkeitswahn in diesen Dingen. Voltaire meinte: Die Religion und die Liebe sind nur Resultat der Schwäche des Menschen. Sind nicht im Gegenteil die Religion und die Liebe Zeichen der Reife und Stärke?

Die Naherwartung des Utopismus versagt immer, weil es so schnell mit dem Reich der Freiheit ohne göttliche Inter-

vention nicht ganz anders werden kann, „das ganz Andere"
nicht wirklich werden kann. Mit der Apokalypse dagegen
kann man keine Theorie machen. Wenn die Apokalypse
kommt, werden wir keine Theorie mehr brauchen. Also
bleibt nur eine gnostische Form von Philosophie oder Religion. Diese ist heute die „fortgeschrittenste Form des Bewußtseins", – nicht weil sie fortschrittlich ist, sondern weil
sie der *condition humaine* entspricht und sich in den verschiedenen Zweigen des gemeinsamen Baumes der christlichen
Weisheitslehre und Philosophie bewährt hat.

Die Signatur der Moderne ist ebenso die Vernunftvergot-
tung wie die Verzweiflung an der Vernunft. Der Irrationalismus und die Flucht in gewalttätige Mythen folgen der Ver-
nunftdiktatur als ihr Schatten und feindlicher Bruder. Nietz-
sches Kritik der abendländischen Vernunftgeschichte und seine Beschwörung des Dionysischen gehören ebenso zur Moderne wie der Mythos des 20. Jahrhunderts und das Neuheiden-
tum der germanischen Emanzipation vom Judaeo-Christia-
nismus der deutschen jüngeren Vergangenheit.

Die Postmoderne hat an diesen Brüchen der Moderne
teil, weil sie ihr Erbe antritt, das sich nicht erledigt, sondern aufgehoben und überwunden werden muß. Wenn ein
Problem der Moderne die Versöhnung von Herkunft und
Zukunft war, muß die Postmoderne eine neue Synthese
jenseits des Gegensatzes Rationalismus und Irrationalismus finden. Es geht um die Wiedergewinnung der gesamten geistigen Vermögen und Wissensformen des Menschen, die über die kommunikative Kompetenz und die
analytische Vernunft hinausgehen. Ob die Überwindung
des cartesianischen Gegensatzes von Geist und Materie
und des Leib-Seele-Problems von den Erweiterungen der
menschlichen Bewußtseinsleistungen in der Mikroelektro-
nik und dem neuen Paradigma des Maschine-Mensch-
Kontinuums zu erwarten ist, wie Lyotard und andere
vorschlagen, muß offenbleiben.[20] Der Gegensatz von *hardware* und *software* führt nicht über den Gegensatz von Leib
und Seele hinaus, er zeigt jedoch, daß in der Materie, der
*hardware*, immer schon *software* ist, daß in der Materie die
entworfene und geprägte Form und Gestalt wirksam ist.

Gegenwärtig stellt sich die Postmoderne in Philosophie und Kunst noch als ein offenes Feld konkurrierender Strömungen und Kräfte dar, in dem sich jedoch drei Hauptströmungen unterscheiden lassen:

1. Die Spätmoderne oder Transavantgarde

2. Die Postmoderne als Anarchismus der Stile und Denkrichtungen

3. Die Postmoderne als postmoderner Klassizismus in der Architektur und *postmoderner Essentialismus* oder *Neoaristotelismus* in der Philosophie.

Die Spätmoderne ist der Postmodernismus als Steigerung der Moderne, als Ästhetik der Vorzukunft und Überbietung des Gegenwärtigkeitsideals. Der Primat des Neuen fordert einer Moderne, die klassisch zu werden droht, ihre eigene Überwindung ab. Der Dämon des Neuen verlangt vom Neuen, das alt zu werden droht, die Potenzierung des Neuen. Die Neuen der Spätmoderne sind das Neue des Neuen. So entstehen die Überbietungen der Avantgarde in der Transavantgarde und den neuen Neuen, *i nuovi-nuovi*, wie sich eine italienische Gruppe nennt,[21] Potenzierungen, denen die Spuren des Diktats des Modernismo ebenso anzumerken sind wie eine gewisse ironische Distanz zum Zwang des Neuen.

Die zweite anarchistische Variante der Postmoderne folgt der Losung Paul Feyerabends *„Anything goes"* mit dem befreienden Potential des ästhetischen und methodischen Anarchismus und den Gefahren der Beliebigkeit und des Eklektizismus, die dem anarchistischen Pluralismus eigen sind. Nach dem funktionalistischen Purismus in der Architektur und den methodistischen „spanischen Stiefeln" der wissenschaftstheoretischen Diskurse ist die Erweiterung des Erfahrungs- und Darstellungsfeldes durch die neue Farbigkeit unübersehbar. Beliebigkeit ist freilich auch eine Gefahr für den Künstler und Philosophen, weil ihm das Sujet und die Ausdrucksform keinerlei Widerstand und Beschränkung mehr auferlegen, an dem sich die Subjektivität abarbeiten könnte.

Die Kritik des Funktionalismus in der Architektur konvergiert heute mit der Kritik am Funktionalismus in den Sozial- und Humanwissenschaften. Die Dogmen des Funktionalismus, daß die Funktion die Form und Gestalt bestimmt und daß es auf die Funktion allein, und nicht auf die als äquivalent gedachten Mittel ihrer Erfüllung ankommt, haben in der Ästhetik ihr emanzipatorisches Potential verloren. Dies zeigt sich vor allem an der öffentlichsten der Künste, der Architektur. „Derselbe Rechtkant in tausendfacher Wiederholung hat heute die Aura der Aufgeklärtheit eingebüßt."[22] Der Funktionalismus hat im Design und Bauen seine einstige funktionale Rolle im Rahmen eines modernisierten und rationelleren Produktionsprozesses verloren. War er zunächst durch die Vereinfachung der Produktion geboten, um die Fertigungskosten zu senken und so größere Konsumentengruppen am Design teilhaben zu lassen, so hat der Funktionalismus heute selbstzwecklichen Charakter angenommen und sich in bezug auf die Produktionsverhältnisse, die ihn nicht mehr erfordern, verselbständigt.[23]

Ein selbstzwecklicher, reflexiv gewordener Funktionalismus ist ritualistisch im schlechten Sinn. Er ist funktionalistisch ohne Funktion, ritualistisch ohne rituellen Zweck oder kultischen Selbstzweck. Kultisches steckt in allem *bloß* Funktionalen, Rituelles in jedem Funktionalismus, der nicht mehr funktional ist.[24] Die postmoderne Architektur kehrt von der reinen stereometrischen Form und der von der Funktion diktierten Gestalt zur Darstellung von Gehalten und bildhaften Elementen am Bau zurück. Sie läßt Schmuck und Ornament, symbol- und zeichenhaften Ausdruck am Bau wieder zu. Nach dem Verbot der Fassade und der Forderung nach der Durchsichtigkeit des Gesamtbauwerks, wie sie nach dem Bunkererlebnis der Nazizeit die Nachkriegsarchitektur bestimmten, werden die äußere Gliederung und Ansicht des Baukörpers von neuem zu Bedeutungs- und Zeichenträgern. Daß daneben an manchem neuen Bauwerk eine neue Prächtigkeit, pompöser

Kitsch und Protz in der postmodernen Architektur nicht ausbleiben, ist der Preis, der für die Resemantisierung und Wiederaufladung des Baues mit Bedeutung in der heutigen Architektur zu bezahlen ist.

In der kritischen Literatur zur Postmoderne ist wiederholt mit Erstaunen und Kopfschütteln die Nähe zwischen dem postmodernen ästhetisch-philosophischen Anarchismus und den Vertretern postmoderner substantieller Formen des Lebens und des postmodernen Klassizismus angemerkt worden. Die Auflösung dieses Paradoxons ist vergleichsweise einfach: „Es sei nur angedeutet, daß zwischen dem ausgeformten Nihilismus und der wilden Anarchie ein tiefer Gegensatz besteht. Es handelt sich bei diesem Kampfe darum, ob die Menschensiedlung zur Wüste oder zum Urwald umgewandelt werden soll."[25] Der geistige Urwald ist der geistigen Wüste vorzuziehen.

### 6. Der postmoderne Essentialismus

Aus der anarchistischen Postmoderne erwächst die Chance für eine essentielle und substantielle Postmoderne, die in der Lage ist, dem Jargon und der Ästhetik der Uneigentlichkeit neue substantielle Formen entgegenzusetzen.

Modern ist der Glaube an den Totalerklärungsanspruch der Wissenschaft, die Reduktion sozialen Lebens auf Funktionen und Kommunikationsmedien und die Hoffnung auf innerweltliche Utopien, postmodern ist die Kritik des Szientismus, des Funktionalismus und Utopismus.[26] Gegen die Auflösung des Seienden, sei es Person oder Sache, in Relationen und Funktionen setzt das postmoderne Denken den Primat der essentialen und entelechialen Gestalt und der in Raum und Zeit instantierten Einmaligkeit. Gegen das moderne Axiom „Die Funktion bestimmt die Gestalt" steht das postmoderne Axiom „Die Idee bestimmt die Gestalt". Eine Person oder Sache, die ihrer Idee entspricht, erfüllt immer mehr als eine Funktion und geht in ihren relationalen Bestimmungen nicht auf. Sie repräsentiert sich selbst und ihre Idee und enthält in ihrer Gestalt Metaphern, die auf das Ganze des Kosmos verweisen. Der postmoderne Essentialismus in der Kunst und Philosophie nimmt das Erbe der Antike und des Mittelalters auf in dem, was an ihm exemplarisch ist. Er nimmt dieses Erbe auf nach dem Durchgang durch die Moderne und ihr Prinzip der Subjektivität und individuellen Freiheit. Postmodern ist der philosophische Essentialismus, weil er die Trennungen und Ausdifferenzierungen der Moderne, das Schlechte, was Kunst, Wissenschaft und Religion in ihrer Isolierung voneinander hervorgebracht haben, nicht als das letzte Wort, sondern als eine zu überwindende Fehlentwicklung ansieht, der eine neue Integration dieser drei Bereiche des Geistigen in der Lebenswelt entgegengesetzt werden muß.

Post*modern* ist dieser Essentialismus, weil er sich bemüht, zwei Gefahren des prämodernen Klassizismus zu entgehen: dem Akademismus der sterilen Nachahmung und der Gefahr des sozial Trennenden und Schichtenbezogenen, das dem Klassizismus eigen ist. Klassisch hat seit den Römern einen Nachgeschmack von Klassenunterscheidung und Klassenbewußtsein.[27] Da wir durch die Erringung der allgemeinen Freiheitsrechte in der Moderne hindurchgegangen sind und die demokratischen Freiheiten, die Menschenrechte und den Rechtsstaat als die große Errungenschaft der Moderne zu bewahren haben, können wir eine neue Synthese dieser modernen Freiheiten und der substantiellen Formen des Ästhetischen und des Sozialen anstreben. Es kommt, wie Hegel es unüberholt ausgedrückt, aber in seiner eigenen monistischen Philosophie des Geistes selbst nicht angemessen zur Darstellung gebracht hat, alles darauf an, das Subjekt als Substanz und die Substanz zugleich als Subjekt zu denken. Dies ist das Projekt, das die europäische Philosophie leitet.

Es gibt nicht ein Projekt der Antike oder der Moderne. Wenn es ein Projekt gibt, das für alle und für alle Epochen, die Moderne und Postmoderne, verbindlich sein könnte, dann ist es das Projekt der Menschheit. Dieses Projekt ist nicht das Privilegium einer Epoche und auch nicht mit dem Ende einer Epoche erledigt. Wenn es ein Programm der Moderne gibt, dann beginnt es mit Pythagoras in Griechenland und dem Buch der Weisheit im Judentum. Man muß Schlegels und nicht Feuerbachs Begriff der Moderne folgen. Schlegel sieht in seinen für die Theorie der Moderne bedeutsam gewordenen Aufsätzen aus den Jahren 1795–97 Pythagoras und nicht die Aufklärung als den Ursprung der Moderne im emphatischen, menschheitlichen Sinn an: „Sokrates oder noch höher hinaus Pythagoras, welcher zuerst den Versuch wagte, Sitten und Staat den Ideen der reinen Vernunft gemäß einzurichten, stehen an der Spitze der neuen Geschichte, das heißt des Systems der unendlichen Vervollkommnung", und das heißt: der Moderne im weiteren Sinn.[28] Nach Schlegel „ist nicht auszumachen, ob einige platonische Gespräche poetische Philosopheme oder philosophische Poeme sind".[29] Sowohl als poetische Philosopheme als auch als philosophische Poeme sind sie im Schlegelschen Sinne Kunstwerke modernen Stils. Die „erhabene Urbanität der sokratischen Muse" ist die durch Sokrates in die Welt gekommene romantische Ironie, die Stimmung der neuen Geschichte und Kennzeichen der Modernen, „die Stimmung, welche alles übersieht, und sich über alles Bedingte unendlich erhebt, auch über eigne Kunst, Tugend oder Genialität".[30]

### 7. Wider den Vollendungszwang der Moderne: die Baustellen der Postmoderne

Der Streit um die Moderne ist nicht ein Streit um die Vernunft und um das Projekt der Menschheit, sondern um die Engführung des Projekts der Menschheit zu einem historischen Programm der Moderne, zu einem Projekt *totalisierender* Vernunft. Die Schranke totalisierender und totalitärer Vernunftherrschaft kann nicht die Theorie des kommunikativen Handelns sein. Die Hoffnung, daß Diskurs und kommunikative Praxis den „Identitätszwang" des begrifflichen Allgemeinen (Adorno) brechen könnten, wie Wellmer[31] mit Habermas annimmt, ist gänzlich unbegründet. Die Logik des herrschaftsfreien Diskurses bleibt zu sehr in der Logik des Allgemeinen. Das Besondere und auch das Neue hat in ihr zuwenig Raum. Die Imagination, die Einbildungskraft, die sich in das Bild, die *Imago*, magisch hineinbildet, bleibt außerhalb der Subsumptionslogik, der das Allgemeine, der Begriff, schon vorgegeben ist, und in der das Besondere dem Allgemeinen nur subsumiert, das heißt unterworfen werden kann. Die Einbildungskraft und das schöpferische Erkennen bleiben auch außerhalb der Logik des Konsenses, der allgemeinen Übereinstimmung. Das Neue und Schöpferische ist gerade das, was den wohlsituierten Konsens des bürgerlichen Heldenlebens immer wieder in Frage stellen, herausfordern, zerstören muß. Habermas' Diskurstheorie kann nicht Antwort geben auf die Frage Max Webers: Woher kommt denn in einer verharzten Welt das Neue? Die Diskurstheorie ist keine Theorie der Entdeckung von Wahrheit und neuer Wahrheit, dazu ist sie zu philiströs. Sie ist aber auch keine hinreichende Theorie der Begründung von Wahrheit. Der Diskurs und sein Konsens können auch unter idealen Bedingungen von Authentizität, Wahrheit, Aufrichtigkeit und ähnlichem als ganze ein Verblendungszusammenhang sein, beziehungsweise das Erfülltsein dieser Bedingungen eben durch einen Verblendungszusammenhang unheilbar verhindert sein.

Romano Guardini hat in seinem Buch *Das Ende der Neuzeit* von 1950 die Frage gestellt, warum der Fortschritts-Optimismus in eine Krise geraten sei. Seine Antwort war: „Weil man dem Menschenwerk überhaupt nicht in der Weise vertrauen kann, wie die Neuzeit es getan hat – ihm ebensowenig wie der Natur."[32] Dieses notwendige Mißtrauen ist auch gegenüber dem menschlichen Diskurs angebracht, weil es, wie Foucault[33] gezeigt hat, keinen Diskurs gibt, der nicht Diskurs der Macht ist. Guardini hatte weiter geschrieben, daß „in der Nachneuzeit die Gefahr wächst, die Macht wächst, aber nicht die Macht über die Macht wächst. Was aber garantiert den rechten Gebrauch? Nichts. Es gibt keine Garantie dafür, daß die Freiheit sich richtig entscheide".[34] Ebendies gilt auch für den sogenannten herrschaftsfreien Diskurs, der unter Bedingungen menschlichen Geworden- und Endlichseins niemals ein Diskurs ohne Macht sein wird. Um noch einmal Guardini zu zitieren:

> Von der Macht des Menschen, die nicht durch sein Gewissen verantwortet wird, ergreifen die Dämonen Besitz ... Es gibt kein Seiendes, das herrenlos wäre. Entweder ist Gott, der Mensch oder die Dämonen der Herr ... Das alles hat die Neuzeit vergessen ... Sie hat gemeint, der Mensch könne einfachhin Macht haben und in deren Gebrauch sicher sein – durch irgendwelche Logik der Dinge, die sich im Bereich seiner Freiheit ebenso zuverlässig benehmen müßten wie in dem der Natur.[35]

Letztlich ist Adorno und Horkheimer, der älteren Frankfurter Schule gegen die jüngere, Habermas und Wellmer, Recht zu geben: Ohne die messianische Hoffnung auf das Absolute, ohne das Eingedenken der Natur und ohne die Selbstbehauptung und Unverletzlichkeit eines Personenzentrums, das nicht durch die Partizipationsfähigkeit an einem Diskurs definiert wird und das Guardini das Gewissen nennt, sind keine echten Widerlager gegen den Systemzwang der diskursiven Vernunft möglich.

Die genannten drei Widerlager gegen die diskursive Vernunft bezeichnen die postmoderne Kritik am Projekt der Moderne als Projekt einer perennierenden Aufklärung. Die diskursive Vernunft ist nicht die Totalität der menschlichen Vermögen. Daher ist die Vollendung des Projekts der diskursiven Vernunft der Moderne gar nicht möglich, aber auch gar nicht nötig. Ohne Mitwirkung des Absoluten, ohne einen *concursus divinus* wird die Geschichte nicht vollendet. Wir werden nicht durch Diskurse geboren und sterben nicht durch unseren eigenen Diskurs. Der Tod ist die Grenze der Versöhnung durch diskursive Vernunft, und es ist nicht ohne Grund, daß der Tod des Individuums in neueren Arbeiten zur „Vernunftkritik" als die Grenze diskursiver Versöhnung aufscheint.[36] Dasselbe gilt umgekehrt auch für den Lebensanfang. Das Böse

ist keineswegs nur Vernunftabwesenheit, die einem bloßen vernünftigen Discurse weicht. Man erinnert sich hier an jenes Bon-mot von Goethe, der als die Frage aufgeworfen ward: wie sich denn etwa, falls Adam nicht gefallen wäre, sein Geschlecht fortgepflanzt haben würde? antwortete: dies würde dann ohne Zweifel mittels eines vernünftigen Discurses geschehen sein.[37]

Die Endlichkeit der menschlichen Existenz steht dem Vollendungszwang der Moderne und der diskursiven Vernunft ebenso entgegen wie das Eigenrecht der folgenden Epochen auf ihr eigenes Projekt. Die Postmoderne wird ihre eigenen Projekte verfolgen. Dieses Recht kann ihr nicht durch eine totale Prägung der Welt durch die diskursive Vernunft genommen werden. Das Recht der Epochen ist das Recht der Generationen auf die eigene Gestaltung ihrer Zeit und Welt. Wir müssen den Vollendungsdrang beschränken und auch in der Lage sein, Ruinen, Unvollendetes oder freie Flächen stehenzulassen. Wenn wir heute kaum mehr Ruinen ertragen können, alle Spuren der Vergangenheit ständig in den Zustand perfekter und lackglänzender Restaurierung versetzen und jede freie Wiese oder Fläche als Bauerwartungsland ansehen, das so schnell wie möglich zugebaut werden muß, stehen wir unter dem Vollendungszwang der Moderne oder dem Modernisierungszwang der totalisierenden Vernunft. Wir versuchen, die Spuren der Endlichkeit und Zeitlichkeit aus unserer Umwelt durch perfekte Restauration und Modernisierung zu verbannen. Die Tiefe und das Alter im Antlitz der Welt werden zugunsten einer Illusion von Vollendetheit getilgt. Manche Ruinen müssen als Zeugen der Größe und Nichtigkeit der Vergangenheit stehengelassen werden. Ihre Unvollständigkeit ist die Chance, daß an ihnen weitergebaut wird, wenn ihre Zeit wiedergekommen ist, so wie an der Ruine des Kölner Doms einst erst nach Jahrhunderten weitergebaut wurde. Man wird vielleicht auch am Projekt oder an manchen Projekten der Moderne später wieder einmal weiterbauen. Jetzt aber gibt es Wichtigeres als das Projekt der Moderne: die Baustellen der Postmoderne.

## 2. Kapitel
## Metaphysische Abenteuer aus einer Zeit
## nahe dem Ende der Moderne.
## Über Walker Percys Romane

*We know now that the modern world*
*is coming to an end.*

*Romano GUARDINI, The End of the Modern World,*
*als Motto zitiert von Walker PERCY, The Last Gentleman*

*Jetzt bist du Teil dieses Zeitalters.*
*Du hast die gleichen Flöhe wie die Hunde,*
*neben denen du gelegen hast.*

*Walker PERCY, Lancelot*

Der Befeuchtungsingenieur und letzte Gentleman der Neuen Welt, Bill Barrett, Held von Percys Romanen *The Last Gentleman*[1] und *The Second Coming*,[2] ist ebenso wie der neurotische Psychiater und in die Südstaaten der USA verschlagene Abkömmling von Thomas Morus, Dr. Thomas More, der Held von Percys Roman *Liebe in Ruinen. Die Abenteuer eines schlechten Katholiken kurz vor dem Ende der Welt*,[3] davon überzeugt, daß die moderne Welt, ja die Welt überhaupt zu ihrem Ende gekommen ist. Lancelot, Held von Percys gleichnamigem Roman,[4] kommt zu dem Schluß: „Ich kann dieses Zeitalter nicht tolerieren" (Lancelot 162, 181). Das Kennzeichen dieses Zeitalters ist für ihn, daß schreckliche Dinge geschehen, daß aber nichts „Böses" dabei im Spiele ist, weil der Begriff der Sünde verlorengegangen ist und daher das Böse nicht mehr benannt werden kann.

*I.*

Percys Helden reagieren äußerst unterschiedlich auf diese ihre Entdeckung vom Ende der Welt. Lancelot, der Louisiana-Gentleman und Ritter gegen Yankeetum und moderne Permissivität, lebt die moralische Revolte gegen die Moderne und ihren Sexismus vor. Lancelot wird aus seinem behäbigen und gleichförmigen Leben als wohlhabender und mittelmäßiger Anwalt durch eine kleine, aber seine Existenz umwälzende Entdeckung gerissen. Anhand einer Krankenkassenrechnung, auf der die Blutgruppe seiner Tochter verzeichnet ist, muß er feststellen, daß diese unmöglich mit seiner und seiner Frau Blutgruppe zusammenpassen, seine Tochter also nicht seine leibliche Tochter sein kann. Lancelot ist nicht, wie sein mittelalterliches Vorbild Lanzelot, Täter, sondern Opfer der Untreue. Was ihn zur Revolte gegen das Zeitalter führt, ist nicht das Erleiden leidenschaftlicher Untreue, wie bei König Artus, sondern daß man es ihm zumutet, den Ehebruch als etwas Alltägliches und nicht Bedeutsames zu akzeptieren. Diese Zumutung, Untreue als etwas nicht weiter Belangvolles hinzunehmen, weist er zurück. Lancelot versucht als Betrogener – in Umkehrung des mittelalterlichen Stoffes – die Ehre der Liebe durch die Leidenschaft der Rache wiederherzustellen. Seine persönlichste Erfahrung führt ihn zu einer Befremdung über den Geist des gesamten Zeitalters. Die Untreue seiner Frau läßt ihn den meta-physischen Charakter und die tiefe Ambivalenz der menschlichen Sexualität erkennen. „Der Orgasmus ist", so Lancelot, „die einzige, irdische Unendlichkeit und daher entweder unendlich gut oder unendlich böse" (Lancelot 163). Er erfährt die unendliche Ambivalenz der Sexualität am eigenen Leibe. Lancelot zieht daraus zwei Konsequenzen: er kommt zu der Überzeugung, daß er dieses Zeitalter nicht tolerieren wird, und nimmt sich die Freiheit, aufgrund dieser Überzeugung zu handeln. In dieser Freiheit und Überzeugung schneidet er dem Liebhaber seiner Frau beim Liebesakt die Kehle durch und zündet über ihm, seiner Frau und sich selbst sein Haus an.

Da er wider Erwarten gerettet wird, hat er Gelegenheit, seine Konzeption der „Reformation" dieses Zeitalters, das er nicht mehr ertragen kann, im Gespräch mit einer ebenfalls eingesperrten Dirne und einem ihn besuchenden Geistlichen zu entwerfen. Da diese Reformation nach dem Willen Lancelots „nicht den Frieden, sondern das Schwert bringen soll", findet er in dem weltmüden Katholiken, dem die Überspanntheiten Lancelots unheimlich sind, keinen Bündnispartner. Aber der Don Quijote-hafte Edelmann, bei dem Percy in meisterhafter Weise im gesamten Roman *nicht* enthüllt, ob er den Verstand nun schon verloren hat oder nicht, braucht für seinen Feldzug gegen die Moderne auch keine Verbündete. Die Reformation wird nach dem Edelmann Lancelot auf einer Insel „zwischen zwei Katastrophen stattfinden, auf einer Insel zwischen dem beschmutzten und zusammenbrechenden Norden und dem korrupten, blühenden und Jesus rufenden Süden der Vereinigten Staaten": im jungfräulichen Virginia. Für Lancelot ist das Yankeetum und die moderne Welt am Ende. Die Moderne hat einen Menschen hervorgebracht, der wesentlich „Pornograph" ist: ein „abstrakter Verstand mit anhängendem Geschlechtsteil". Seine Seele wohnt nach Lancelot in Harvard, einer „großen, abstrakten, eingeschlossenen und sterilen Universität, deren Motto zwar die Wahrheit ist, die aber seit hundert Jahren keine wesentliche Wahrheit mehr entdeckt hat. Sein Körper aber wohnt im Dirnenviertel" (Lancelot 259). Nach Lancelot ist die Moderne gescheitert, weil sie den Absolutheitscharakter der Sexualität nicht erkannt und nicht begriffen hat, daß alle Menschen in Sünde gezeugt werden. „Die Liebe erfordert die absolute Polarität von Gottheit und Obszönität" (Lancelot 282). Sie ist ein Absolutum, das man nicht verendlichen und in kleiner Münze umgehen lassen kann.


*II.*


Im Gegensatz zu dem alttestamentlich zürnenden Edelmann und existentiell betroffenen Lancelot sind die Befremdungen des ebenso genialen wie neurotischen Wissenschaftlers und Seelenkundigen, Dr. Thomas More, weniger substantialer Natur, sondern von der Art seismographisch feiner Irritierungen, wie sie eben einem geschulten Mitglied der *„scientific community"* widerfahren. Dr. Mores Revolte ist bewußt nicht-moralisierender Art, sondern eher gegen die Form unverbindlichen Moralisierens gerichtet, wie sie sich in den kraftlosen Demonstrationen gut bezahlter Berkeley-Professoren gegen den militärisch-industriellen Komplex äußert. Dr. More zieht sich mit drei schönen Frauen in ein altes, verkommenes Motel in seinem Wohnort Paradise Palisades zurück, das heißt, er verbarrikadiert sich eher in diesem Etablissement, und trifft alle Vorbereitungen, um das nahende Ende der Welt zu überleben. Dieser Dr. More hält sich selbst für einen schlechten römischen Katholiken, weil er glaubt, aber nicht danach handelt. Er glaubt, wie er selbst bekennt, „an Gott und die gesamte katholische Dogmatik, liebt aber Frauen am meisten, dann Musik und Wissenschaft, dann Whisky, Gott an vierter Stelle und seine Nächsten fast überhaupt nicht" (Liebe in Ruinen 12).

Dennoch fühlt er sich von den Gemeinden in Paradise Palisades, der römisch-katholischen Kirche und der apostolischen Sukzession am ehesten zugehörig,

eher als der amerikanisch-katholischen Kirche von Paradise Palisades, die das Schwergewicht ihrer Dogmatik auf die Eigentumsrechte und ein heiles Wohnmilieu legt, eher aber auch als der Gemeinde der holländischen Schismatiker, die aus verschiedenen Priestern und Nonnen besteht, die Rom verlassen haben, um zu heiraten und von denen jetzt verschiedene geschiedene Priester und Nonnen den holländischen Kardinal um die Erlaubnis bitten, wieder heiraten zu dürfen (Liebe in Ruinen 12).[5]

Die Krise der römisch-katholischen Gemeinde, die in seiner Gegend völlig demoralisiert ist, ist für den sensiblen Wissenschaftler Dr. More ein Zeichen, *das* erste Zeichen des kommenden Weltunterganges. Denn der einzige Priester von Paradise Palisades, der Rom treugeblieben ist, hat nicht genug zum Leben und muß sich als Feuerwache verdingen. „Er steigt nachts auf den Feuerturm und er hält Ausschau nach Buschfeuern und nach Zeichen und schlimmen Vorbedeutungen am Himmel" (Liebe in Ruinen 12).

Was Dr. More am Weltuntergang nun die meiste Sorge bereitet, ist kein dramatisch-existentielles Problem, son-

dern erweist ihn als echten leidenschaftslosen und objektiven Forscher und Wahrheitssucher. Es ist seine Sorge, daß
die Katastrophe über uns kommen könnte, bevor sein wissenschaftlicher Artikel über seine große Entdeckung veröffentlicht ist. Bei dieser Entdeckung handelt es sich um ein
die gesamte Medizin und Psychologie, ja die ganze
menschliche Gesellschaft, revolutionierendes Instrument.
Es ist „More's qualitativ-quantitativer, ontologischer Lap-
someter", ein Stethoskop, mit dem man unmittelbar die
menschliche Seele „abhören" und beeinflussen kann. Dr.
More möchte den Artikel über seine Entdeckung um jeden
Preis *vor* dem Weltuntergang publiziert sehen. Die Dring-
lichkeitsliste in den Fürbitten eines Wissenschaftlers an Gott
würde nach Dr. More, wenn ein Wissenschaftler beten
würde – was nicht wahrscheinlich ist –, so aussehen:
„Herr, mach, daß meine Entdeckung die Erkenntnis ver-
mehrt und anderen Menschen hilft. Wenn nicht, Herr,
dann mach, daß sie nicht zur Vernichtung des Menschen
führt. Wenn nicht, Herr, dann mach, daß mein Artikel in
*Brain* veröffentlicht wird, bevor die Vernichtung stattfindet"
(Liebe in Ruinen 14).

Dr. More teilt auch nicht Lancelots Zorn über die moderne Welt. Es ist eher Überdruß gegenüber der Prätention
der Moderne, Probleme der Existenz durch Wissenschaft
und Sozialtechnik lösen zu können, die Dr. More an der
Rationalität und hypothetischen Existenz des Wissenschaftlers zweifeln lassen. Aber es ist ebenso das Grauen vor der
Beruhigtheit, ja Betäubtheit, des bürgerlichen Heldenlebens, das ihn unfähig zur bürgerlichen Existenz macht.[6] Es
ist beides, was ihm die Existenz der Synthese aus Dr. Fran-
kenstein, Faustus und „Princeton-Boy", die Existenz des
weiß-angelsächsisch-protestantisch-liberalen   College-Pro-
fessors unmöglich macht. Dr. Thomas More ist zwar ein
schlechter, aber doch immerhin Katholik und daher in seiner wissenschaftlichen *community* ein Außenseiter. Er ist jedoch auch ein Suchender, dem die *civil religion* des Gewohn-
heitschristentums nicht genügen kann, und der daher auch
als Bürger ein Fremder unter den Bürgern ist.

Mit allen Helden Percys teilt er das Gefühl für die metaphysische Bedeutsamkeit der Sexualität, obgleich er in dem „Test" seines psychiatrischen Kollegen Max Gottlieb eine eher unmetaphysische Einstellung zu diesem Problem zeigt. In Gottliebs Test soll sich Dr. More zwischen zwei Türen entscheiden:

Die eine Tür führt zu einem geschmackvoll eingerichteten Zimmer, in dem sich eine entzückende, reife, gebildete Person befindet, mit der man viel gemeinsam hat, sich über die verschiedensten Themen wie zum Beispiel über die Weltbank unterhalten kann und die warm auf allen Ebenen des interpersonellen Spektrums reagiert.

Die andere Tür führt „zu einem Motel-Zimmer mit einer normalen Puppe, sagen wir einer Stewardess, mit der man einmal auf einem Flug von Houston gesprochen hat." Dr. More zieht die Stewardess dem „interpersonellen Spektrum" und damit, wie Max Gottlieb feststellen muß, „Unzucht" einer sinnvollen Beziehung mit einem anderen „Menschen als Menschen" vor (Liebe in Ruinen 139). Wie sein Vorfahre Thomas Morus neigt Dr. More zu Polygamie. Aber wie Thomas More in dieser Frage im Alter zu sehr strengen Anschauungen gelangte, gewinnt auch Dr. More, ebenso wie die anderen Helden Walker Percys, am Ende seiner Entwicklung ein anderes, entschiedeneres Verhältnis zu diesem Problem. In dem großen Kierkegaardschen „Entweder-Oder" zwischen ethischer und ästhetischer Existenz, zwischen Entschiedenheit und alles offenhaltender Uneigentlichkeit, gelangen Percys Helden am Ende zur Einsicht in die Richtigkeit der ethischen und damit ehelichen Existenz. Gegenüber den von der Moderne vermeintlich als einander ausschließend behaupteten Alternativen von Religiosität und Sexualität erfahren sie die Verfehltheit dieser Alternative. Percys Erwiderung auf diese unglückliche Entgegensetzung formuliert Bill Barrett im Schlußsatz von *The Second Coming* als die Antwort auf die große Suche seines Lebens: es kommt alles darauf an, Gott *und* die Liebe zu suchen.

## III.

Percys Kritik der Moderne kreist in allen seinen Romanen um die Frage nach der Wesentlichkeit der menschlichen Existenz in einer Welt, die am Vorbild der Wissenschaft orientiert keine Unbedingtheit und Substantialität mehr gelten läßt. Die „hypothetische Zivilisation" (Robert Spaemann), die alle unbedingten Wahrheitsansprüche in Hypothesen auflöst, führt zu einem Realitätsverlust, der die Wirklichkeit des Kinos wirklicher werden läßt, als die leibvermittelten Beziehungen des *Kinogehers*[7] zu den Menschen seiner Umgebung. Die Orientierung an der Wissenschaft, am Modell hypothetischer, jederzeit widerrufbarer und von allen Überzeugungen detachierter Existenz führt nach Percy zu jener „Umkehrung des Realen" (The Last Gentleman 280), von der zuerst Alfred North Whitehead gesprochen hat. Wenn alle existentiellen Überzeugungen nur mehr als unabschließbare Hypothesen gelten – was schon für den wissenschaftlichen Diskurszusammenhang nur bedingt sinnvoll ist – und die vorläufige Hypothese zur einzigen Form existentiellen Wahrheitsbezuges wird, wird nur noch das jederzeit Reproduzierbare, das (im Hegelschen Sinn) Schlecht-Allgemeine und damit für die individuelle Existenz Nicht-Wesentliche als „real" anerkannt. Die höheren Formen menschlicher Wirklichkeitswahrnehmung, die Sphäre des Geistes, müssen dem hypothetisch-empirischen Wissenschaftsbewußtsein als eine irreale, nicht-verallgemeinerbare, idiosynkratische Fiktion erscheinen. Das Geistige wird als nicht vermittel- und überprüfbare Irrealität abgetan, und nur noch die materialistische „Basis" als reale Wirklichkeit akzeptiert.

Symptom und Erweis des Scheiterns dieser Umkehrung des Realen in der Moderne ist nach Percy deren sexuelle Obsession. Der letzte Gentleman gebraucht hier drastische Bilder: Gemäß der Umkehrung des Realen beginnt man in der Moderne in der Beziehung der Geschlechter mit dem realen Geschlechtsverkehr und wartet dann, ob sich das Ideale der Freundschaft später einstellt (The Last Gentleman 281). Die Umkehrung des Realen rächt sich ironischerweise jedoch gerade in dem Verlust der realen Lust: das Orgasmus-Forschungsinstitut an Dr. Mores Universität kommt bei seinen streng empirischen Forschungen nicht voran – die von Patienten und Forschern erwarteten therapeutischen Erfolge bleiben aus.

Die beiden Selbstverwirklichungsformen des modernen Menschen, Wissenschaft und Sexualität, machen die moderne Existenz anziehend und faszinierend – seit den Anfängen der Moderne in der wissenschaftlichen und sexuellen Neugierde des aufklärerischen Forschungsprogramms des Marquis de Sade. Die für die Moderne charakteristische Kombination zweier Gebiete menschlicher Selbsterfahrung und Selbstverwirklichung, das Zusammengehen von Wissenschaft und sexueller Liebe, zieht Percys Helden ebenso an, wie sie sie in zunehmende Befremdnis und Zweifel setzt. Wissenschaftliche Abstraktion, ihre emotionale und religiöse Unvoreingenommenheit und Selbstrestriktion, ja Askese, ihre Desinvoltura und ihr Detachement von allem Gefühlshaften ist Ausdruck eines bestimmten spirituellen Verlangens und Strebens des modernen Menschen. Die wissenschaftliche Abstraktion ist in ihrer radikalsten, modernen Form eine Art von reiner Spiritualität, reiner Geistigkeit. Liebe auf der anderen Seite wird in der Moderne um so sexueller, materialistisch-körperlicher, je mehr die geistigen Bestrebungen abstrakter, „leibloser", spiritualistischer werden. Als Folge verliert die sexuelle Liebe ihr Vermögen, eine Brücke zwischen dem Körper und dem Geist, dem Realen und Idealen in der Intention auf den Eros und den Leib zu bilden. Der Geist wiederum wird mehr und mehr entleiblicht und entweichend, er verwandelt sich in ein Gespenst.

*IV.*

Der Prozeß der Hypothetisierung und Verobjektivierung des menschlichen Selbst führt am Ende zum Verlust der Selbst-Wahrnehmung und zu Selbst-Entfremdung. Percys *Last Self-Help Book*[8] stellt daher in Frage 10 des *Twenty-*

*Question Multiple-Choice Self-Help Quiz* die Selbst-Hilfe-Frage: „Warum ist das Selbst der einzige Gegenstand im Kosmos, der von Langeweile heimgesucht wird?" Eine der vorgeschlagenen Multiple-Choice-Antworten:

Das ist deshalb, weil das Selbst zuerst die Mittel hatte, sich selbst durch Mythen zu verstehen, wenn auch nur inkorrekt, sich später durch Religion als ein Geschöpf Gottes selbst verstand, und weil es jetzt die Mittel hat, den Kosmos durch positive Wissenschaft zu verstehen, nicht aber sich selbst, weil das Selbst nicht durch positive Wissenschaft begriffen werden und daher sich selbst nur als Geist in einer Maschine verstehen kann. Wie anders kann sich ein Geist gegenüber einer Maschine fühlen denn gelangweilt?

In der Selbst-Hilfe-Antwort ist ein ganzes Bündel von Topoi der Gnosis in ironischer Weise aufgenommen. Das Selbst kann nicht wie andere Dinge im Kosmos als Ding angesehen werden. Es ist der göttliche Lichtsplitter, der in die Maschinerie des Fürsten dieser Welt eingeschlossen ist. Als der Gast aus dem Außerhalb der Maschine vermag es sein Zeiterleben im Sein-in-der-Welt nur als Langeweile zu empfinden. Die Langeweile ist die schwächere und mildere Form des gnostischen Hasses auf und der Verachtung für die Zeit, den Äon dieser Welt.

Die wissenschaftliche Weltsicht ist gnostisch, dualistisch. Das Selbst, das Pneuma, kann in der wissenschaftlichen Ontologie nur noch als Geist in der Maschine begriffen werden, als ortsloser Schatten, als Fremder in einer ihm ontologisch unüberbrückbar fremden Fremde.

Karl Valentin sagt: „Fremd ist der Fremde nur in der Fremde." Die Moderne und der Szientismus haben es geschafft, daß sich der Fremde der Gnosis, der Mensch, in der Fremde der Welt so fremd wie nur möglich fühlt: es gibt kein Gemeinsames mehr zwischen dem Fremden, dem Selbst, und der Fremde, der belebten und unbelebten Natur, in die er geworfen ist. Das dualistische wissenschaftliche Weltbild ist gnostischer als die Gnosis, es ist die Gnostizierung und Übersteigerung der gnostischen Weltsicht. Der Szientismus hat aus dem Verbannten göttlichen Ursprungs, dem Selbst und Pneuma der Gnosis, einen Verbannten unedlen Ursprungs und gleicher Qualität wie seine Verbannung gemacht: das Gespenst in einer Maschine. Gleichen Ursprungs und gleicher Qualität wie seine Verbannung kann dieser Verbannte nur Langeweile gegenüber dem ihn Verbannenden fühlen und auch nur Aussichtslosigkeit in seinem Schicksal. Der Gnostizismus des wissenschaftlichen Weltbildes kennt im Gegensatz zur Gnosis kein „ganz Anderes" und daher auch keine wirkliche Hoffnung mehr.

## V.

Die Hypothetisierung der menschlichen Existenz und die Umkehrung der Stufen des Wirklichen in der Moderne führen zu Realitätsverlust: „Die Menschen erreichen einen Grad an Ironie, bei dem sie jederzeit ebenso dieses wie jedes andere tun können." (The Second Coming 106). In dieser Verschwebung des existentiellen Bezuges bleibt nur noch eines wesentlich: die Verfolgung des Vergnügens. „Im wissenschaftlichen Humanismus prosperiert", wie der Kinogeher Binx Bolling feststellt, „jeder wie ein Mistkäfer" (Der Kinogeher 204). Dies wäre nicht weiter schlimm, wäre nicht die Folge dieser Reduktion der Wesentlichkeit der Existenz auf Vergnügen die Grausamkeit. „Die Vergnügungssuche führt zu Grausamkeit", heißt es am Ende von *The Second Coming*. Percy stellt die Grundannahmen der Moderne radikal in Frage: Hatten wir nicht gelernt, daß Triebunterdrückung zu Sadismus und Grausamkeit führt, daß die Sublimation der Sexualität jedoch die reale Triebbasis menschlicher Existenz verfehlt? Haben wir nicht geglaubt, daß alle nichthypothetischen Wahrheitsansprüche und unbedingten Überzeugungen zu Fanatismus und inhumaner Verbohrtheit führen? Percys Gegenangriff ist umfassend: die Umkehrung des Realen, die Degradierung der höheren Stufen des Wirklichen zur bloßen Fiktion und die Aufhebung der Einheit des Menschen als leib-seelischem Wesen führen zur verhängnisvollen Spaltung des Realen in einen geistlosen Materialismus und einen kraftlosen Idealismus. Sie führen nach Dr. More zum

derzeitigen Hermaphroditismus des Geistes, zu chronischem Angelismus-Bestialismus, der die Seele vom Körper abspaltet und sie auf eine Umlaufbahn um die große Welt bringt als Geist der Abstraktion, weshalb sie die Gestalt von wilden Tieren annimmt, Schwänen und Stieren, Werwölfen, Blutsaugern ..., oder einfach ein armer Geist, der in seiner eigenen Maschinerie eingesperrt ist (Liebe in Ruinen 420f.).

Die Umkehrung des Realen in der Folge einer sich absolut setzenden Wissenschaft sperrt den Menschen in die Maschinerie seiner eigenen Abstraktionen, in die Ironie der Uneigentlichkeit und in die Grausamkeit der Vergnügungssuche, die nichts mehr an Menschen und Dingen als wertvoll und wesentlich anerkennen kann als ihre Tauglichkeit für Vergnügen.

Percys Wissenschaftskritik folgt nicht irrationalem Ressentiment gegen die Wissenschaft, sondern entsteht aus Liebe zu einer Weisheit, die erkennen muß, daß die neuzeitliche Wissenschaft an der Wirklichkeit des Menschen vorbeigeht. „Die Wissenschaftler sind", so Allie in *The Second Coming*, „nicht ernsthaft genug".[9] Ihre Fragen gehen nicht tief genug, ihre Suche nach Erkenntnis ist nicht anspruchsvoll genug. Sie geben sich zu schnell zufrieden. Sie sind Spieler mit Hypothesen. Würden sie wirklich radikal fragen, so müßten sie zu besseren Ergebnissen kommen. Dem Kinogeher Binx Bolling erscheint die Wissenschaft als Folge jener tödlichen Injektion Romantizismus, die der angelsächsisch-europäische Geist abbekommen hat.[10] Das Ideal wissenschaftlicher Objektivität als Maxime humaner Existenz, die positivistische Wissenschaft, ist für ihn eine besonders romantische Form von Romantizismus. Die schlechte Romantik verachtet das Konkrete und Reale und stellt ihm ihre okkasionellen Abstraktionen und ihre Verklärungen der individuellen Perspektive als das Wirkliche gegenüber. So ist auch die Wissenschaft romantisch in ihrer großartigen Vereinseitigung, wenn sie ihre Methode, ihre singuläre Perspektive, ihre Okkasion, als die einzig angemessene Sicht menschlicher Existenz darzustellen versucht.

Sie wird dort romantisch, wo sie ihre notwendigen Abstraktionen zur letzten Erkenntnis der Wirklichkeit erklärt.

## VI.

Es ist in Walker Percys Romanen die alte Doppelgegnerschaft der christlich-jüdischen Weisheitstradition gegen einen geistlosen Materialismus wie einen leiblosen Idealismus in einer dichterischen Form dargestellt, die in der Literatur wenig Parallelen hat. Wenn sich auch Bezüge zum christlichen Existentialismus und besonders zu Kierkegaard herstellen lassen, so geht Walker Percys dichterischer Beitrag doch über diese hinaus. Mit Kierkegaard teilt er die philosophische Analyse, aber wo Kierkegaard einen Roman schreiben wollte, *hat* Percy Romane geschrieben. Percys Helden sind Gottessucher und Metaphysiker jenseits aller Erbaulichkeit. Sie sind keine Randfiguren der Moderne, keine beschaulichen Unzeitgemäßen, sondern Avantgardisten der Post-Moderne. Sie sind Erleidende und Erkennende der Moderne, die sich in die Stärke ihres Gegners stellen. Percy ist ein Seher dessen, was die Vor-Moderne mit der kommenden Zeit gemeinsam haben *muß*, wenn sich der Mensch nicht endgültig verlieren soll, und das Ende der Moderne, das der schlechte Katholik Dr. Thomas More überlebt, nicht auch das Ende der Welt sein soll.

## VII.

Percys Gestalten sind Gottessucher, nicht weil sie der Moderne entgehen wollen, sondern weil sie die Moderne zu Ende gedacht haben. Bill Barretts Abscheu gilt den Gläubigen, die glauben und dennoch betrügen, und den Ungläubigen, die, je klüger sie sind, um so verrückter sind, weil sie mit einer Weltsicht zufrieden sind, mit der man sich nicht begnügen kann.[11] Weil sich ihm zunächst nur diese Alternative zeigt, ist er bereit, in einer kühnen Radikalisierung von Pascals Wette die Lösung dieser schlechten Alternative zu erzwingen. Er wettet mit seinem Leben auf die Existenz Gottes. Er ist bereit, für die Frivolität, Gott zu zwingen, sich ihm zu offenbaren, mit dem Leben zu bezahlen.[12] Aber Barretts Gang in die Höhle, in der er so lange ausharren will, bis sich entweder Gott ihm gezeigt hat oder er selbst verhungert ist, scheitert, wie manche zu großartig angelegte kosmische Exploration, am Ekel. Ekel und Zahnschmerzen befallen den wartenden Gottessucher nach einigen Tagen in der Höhle und peinigen ihn so, daß er sein *experimentum crucis* abbrechen muß. Barrett erfährt, daß die großen existentiellen Entscheidungen nicht solche für Großartigkeit und große Gesten, sondern Entscheidungen der Bewältigung und Durchgeistung des Alltags sind, indem sich das Absolute als Symbol und als Ahnung zeigt. Die Antwort auf „die Suche" und die Erwiderung auf die Versuchungen der Uneigentlichkeit ist nicht eine vorgetäuschte Substantialität, sondern die Erkenntnis und Hervorbringung des Absoluten im Wirklichen. In der Erfahrung der verborgenen Anwesenheit Gottes im Endlichen erfahren sich Percys Helden zuletzt als Menschen und das heißt als „souveräne Wanderer, als edle Verbannte, die arbeiten und warten und beobachten" (Liebe in Ruinen 421). Der Mensch ist – zustimmende Anklänge an die Gnosis werden hier sichtbar – der ewige Wanderer, der aus der Fülle, aus dem Pleroma, in den Äon dieser Welt Verbannte, dem seine edle Abkunft jedoch noch anzusehen ist.[13]

.

*VIII.*

Peter Handke hat im Nachwort zu der von ihm besorgten, sehr schönen deutschen Übersetzung von *Der Kinogeher* dessen Hauptfigur Binx Bolling „nicht nur einen Helden, sondern einen Heiligen" genannt. Einen Heiligen hat Percy nicht beschrieben und sicherlich auch nicht beschreiben wollen, weil man nur bereits Verstorbene, die am Ziel sind, heiligsprechen kann. Percys Gestalten aber leben und fahren fort „zu suchen". Souveräne Wanderer und irrende

Weisheitsliebende hat Percy in seinen Gestalten gezeichnet, Wissende, insofern sie das Unendliche im Konkreten als Gleichnis erahnen, Wandernde, insofern sie dies Wissen nur als vorläufiges Symbol unendlicher Wahrheit begriffen haben.

# 3. Kapitel
## Supermoderne oder Postmoderne?
## Dekonstruktion und Mystik in
## den zwei Postmodernen

Wer eine Sache richtig benennt, gewinnt Macht über sie. Wer einer Epoche den richtigen Namen gibt, gewinnt Einfluß auf ihre Gestalt. Die Zeit ist ein Kontinuum, das von sich her keine Grenzen kennt. Die Epochenschwellen sind daher künstliche Markierungen, die Menschen der historischen Zeit geben.

Seit dem Christentum besteht das Bedürfnis, die Geschichte nicht nur chronologisch nach Dynastien oder äußeren Ereignissen zu reihen, sondern Epochen der Weltgeschichte auszumachen. Die Weltzeit soll gegliedert werden. Die christliche Gliederung der Zeit ist diejenige, die den Etappen der Heilsgeschichte, den Epochen der Schöpfung, des Falls, der Erlösung und der Vollendung, folgt. Gott schuf nach Augustinus mit der Welt zugleich die Zeit. Vor der Schöpfung gab es keine Zeit, erst mit der Schöpfung tritt die zeitliche Folge ins Dasein. Zeit der unversehrten Schöpfung, Zeit der gefallenen Schöpfung, Zeit der Erlösung, Zeit der Vollendung ist das Schema der christlichen Heilsgeschichte. Das „Saeculum", in dem wir seit der Zeitenwende leben, ist nach Augustinus die Epoche der Erlösung und Erwartung, eine Zwischenphase zwischen Fall und Vollendung. Saeculum heißt Jahrhundert, und Augustinus benennt so den Äon des Christentums, obgleich er weiß, daß bereits zwischen dem Ereignis Christi und seiner Zeit mehr als ein Jahrhundert vergangen ist.

Das Saeculum ist nicht die homogene, physikalische Zeit von 100 Jahren, sondern ein Äon, ein Weltalter, dessen Dauer wir nicht kennen, weil seine Länge allein in der Hand Gottes liegt. Nicht einmal der Menschensohn weiß nach Matthäus die Stunde des Gerichts und des Endes dieses Saeculums.[1] Das Kreuz von Golgatha bildet in dieser heilsgeschichtlichen Sicht der Geschichte den einzigen Fixpunkt der Zeit, den Ursprung des Koordinatenkreuzes der Geschichte. Von ihm aus lassen sich zwei Lehren in die beiden Richtungen des Zeitstrahls, in Vergangenheit und Zukunft bilden, eine Protologie als Lehre von der ersten Zeit, von der Schöpfung und dem Fall, und eine Eschatologie als Lehre von der Endzeit und Vollendung. Weiter läßt sich in der Sicht des Christentums die Zeit nicht bestimmen und beherrschen, weil nicht der Mensch, sondern Gott Herr der Geschichte ist.

Der mit dem Christentum entstehende Gnostizismus der gnostischen Schulen des 2. und 3. Jahrhunderts gibt sich mit dieser heilsgeschichtlichen Sicht der Geschichte nach den Epochen der unversehrten Schöpfung, der gefallenen Schöpfung, der Erlösung und der Vollendung nicht zufrieden. Er versucht die Äonen Gottes, die Epochen des Lebens Gottes und der Welt zu erkennen und zu beherrschen. Das Göttliche hat nach ihm selbst eine Geschichte. Die Äonen, die Weltalter, sind die Lebensalter des Göttlichen, das sich als Urgrund in seine zeitlichen Entwicklungsstufen des Logos, der Gemeinschaft, der Weisheit und anderer Äonen entfaltet. Nach der zarathustrischen Religion, dem Urbild aller gnostizistischen Lehren, stammt alles Seiende aus dem *zervan akarena*, der uranfänglichen, unbestimmten und unendlichen Zeit. Das Absolute, das Göttliche hat in der Sicht des Gnostizismus selbst Äonen, Epochen des Werdens und Vergehens, und der Mensch gewinnt Gewalt über die Zeit und über den Tod, wenn er diese Äonen mit ihrem Namen zu nennen vermag. Die Mächte der Zeit und die Zeitmächte sind im Gnostizismus Formen des Göttlichen, die durch ihre Namen beherrschbar werden.

An der Geschichte der Theologie und Spekulation wird sichtbar, wie gefährlich die geschichtsphilosophische Spekulation und wie unvermeidlich und unverdrängbar sie ist. Die menschliche Vernunft wird von sich aus unabweisbar auf die Fragen nach dem Ursprung und dem Ziel der Geschichte der Gesamtwirklichkeit geführt. Die christliche Abwehr der mythisch-philosophischen Äonen-Spekulation zugunsten einer sparsamen Heilsgeschichte zeigt, wie tief in uns das Bedürfnis sitzt, mit dem Denken Macht über die Zeit und Geschichte zu gewinnen, und wie sehr dieser

Drang nach der herrscherlichen Festlegung des Sinnes der geschichtlichen Epochen von der biblischen Religion abgewiesen wird. Der Gegensatz zwischen den mythischen Äonen-Katalogen und den Epochen der christlichen Sicht der Geschichte macht auch deutlich, daß eine Epoche eine Zeitspanne meint, die in ihrer Dauer nicht festgelegt ist. Eine Epoche kann ein Äon, ein Weltalter, und eine bloße Ära, eine Amtszeit sein. Nach Origenes bilden die Weltalter Kreisläufe von Weltaltern. Der Äon dieser Welt bildet mit allen seinen Epochen nur eine Epoche eines größeren Weltenzyklus.

Wenn gefragt wird, ob die Postmoderne den Anbruch einer neuen Epoche darstellt, ist die Varianz des Begriffs Epoche in zeitlicher Hinsicht in Rechnung zu stellen. Auf welche Epoche folgt die Postmoderne und in welchem Begriff von Postmoderne bedeutet das Präfix *post* tatsächlich „nach" und Postmoderne folglich Nachmoderne und nicht vielmehr Super-, Anti- oder Prae-Moderne? Ist die Moderne eine Epoche, die einen Äon oder nur eine Ära bildet, wird die Postmoderne eine Epoche oder nur eine Ära sein?

*1. Der dreifache Sinn des Begriffs „Die Moderne"*

Die Moderne ist ein Name, der in vielfacher Weise von Zeitabschnitten ausgesagt wird.[2] Er kann verschiedene Epochen bezeichnen. Zunächst bedeutet Moderne eine Epoche, in der die moderne Geisteshaltung und Einstellung zur Zeit beherrschend geworden ist. Modern ist jene Geisteshaltung, die in der Zeit eine lineare Entwicklung im Gegensatz zur zyklischen Wiederkehr des Gleichen erkennt. Modern ist von *modo* (= lateinisch neuerdings) abgeleitet. Die Moderne ist das Zeitalter des Neuen, die Epoche, in der es Neues und nicht nur Wiederkehr des Gleichen gibt.

a) Die Moderne als das christliche Saeculum
Es ist daher verständlich, daß sich die Christen der Spätantike *moderni* nannten im Gegensatz zu den Heiden, die sie als *antiqui* bezeichneten. Die Moderne ist in spätantiker

Sicht das Saeculum des Christentums. Folgt man diesem Verständnis von „Moderne", sind Modernität und Christlichkeit als Synonyme anzusehen. Die christliche Sicht der Geschichte als Heilsgeschichte ist die Begründung für die moderne Sicht der Welt als Historie. Bedenkt man, daß die christliche Sicht der Geschichte das Alte und Neue Testament als Einheit ansieht und die Auffassung der Zeit als geschichtlicher Zeit bereits in der Prophetie des Judentums anwesend ist, so müßte auch die Geschichte Israels, da sie sich von der Weltsicht des Mythos und seiner Wiederkehr des Gleichen absetzt, als ganze zur Moderne gerechnet werden. Die Moderne beginnt nach diesem Begriff von Moderne bereits mit der Vertreibung des ersten Menschen Adam aus dem Paradies. Der Mensch der Bibel ist bereits von Anfang an „der moderne Mensch" oder, wie Thomas Mann im Vorspiel „Höllenfahrt" zu *Joseph und seine Brüder* schreibt, der Mensch ist „das altkluge, kunstfertige und in jeder entscheidenden Hinsicht moderne Wesen, als das er uns beim ersten Morgengrauen der Geschichte bereits entgegentritt".[3] Ein modernes Wesen ist der Mensch seit der Vertreibung aus dem Paradies.

Nur wenn dieses Saeculum des Christentums, das heißt die Moderne als Zeitalter des Fisches tatsächlich, wie die Anhänger der Äonen-Spekulation des *New Age* annehmen, zu Ende ginge, wäre die Postmoderne das Zeitalter nach dem Christentum und nach der christlichen Moderne, wäre die Gegenwart das Zeitalter des Wassermannes. Das *New Age* nimmt die Äonen-Spekulation des Mythos wieder auf, um Macht über die Zeit zu gewinnen und um die Definition des Äons zu verändern. Mythologisch ist das *New Age*, weil es glaubt, mit Begriffen die Zeit dort beherrschen zu können, wo keine gesicherte Erkenntnis möglich ist. Die Modernität des Christentums und sein Glauben an die Geschichtlichkeit der Zeit verdankt sich dem rationalen und in sich konsistenten Glauben an die Geschichtsmächtigkeit Gottes, dem Glauben, daß Gott der Herr der Geschichte ist. Das *New Age* glaubt dagegen an numinose Mächte der Geschichte, an die Macht der Sternbilder und ähnliches. Das *New Age* glaubt an anonyme Mächte, die sowohl

Macht über die Zeit besitzen sollen als auch der Zeit unterworfen sind. Eine Eschatologie und Vollendung, die Hoffnung auf ein Ende der Zeit wird dadurch unmöglich, weil die Äonen des *New Age* keine Macht über die Zeit besitzen. Weil die Äonen des *New Age* halb Götter halb Naturmächte sind, bleibt die Äoneneinteilung bloße Sterndeuterei. Die neue Mythologie des *New Age* kann keinen geschichtlichen Begriff von Modernität und Postmodernität entwickkeln und vermag daher zur Bestimmung der Epoche nichts beizutragen. Die Postmoderne kann nicht das „*New Age*" sein, weil das *New Age* keinen Begriff von Modernität, von Geschichtlichkeit, und daher auch keinen Begriff von Postmodernität zu entwickeln vermag.

Der weite Begriff von Modernität und Moderne als Bezeichnung für den christlichen Äon ist 1877 in der dritten Auflage von Meyers Konversations-Lexikon noch der einzige Begriff von Modernität. Modern bezeichnet nach Meyer das, „was im Gegensatz zum Antiken, den eigentümlichen Charakter der Kunstschöpfungen der neuern, das heißt besonders der christlichen, Zeit ausmacht". Dieser weite Begriff von Moderne als christlichem saeculum ist heute nicht mehr weit verbreitet, er ist aber für die Bestimmung der Postmoderne im Auge zu behalten.

b) Die Moderne als Neuzeit

Der zweite Begriff von Moderne ist derjenige, der die Epoche der Moderne mit derjenigen der Neuzeit gleichsetzt. Der Begriff Moderne wird hier synonym mit demjenigen der Neuzeit verwendet und als die historische Epoche nach Antike und Mittelalter verstanden. Nach Toynbee ist die Neuzeit, wie bereits im ersten Kapitel gezeigt, in die Post-Moderne übergegangen. Toynbee setzt allerdings die Epochenschwelle zur Nachneuzeit bereits um 1875 an. Die Auffassung, daß wir in einer nachneuzeitlichen Epoche leben, wird durch die Entdeckung der Endlichkeit und der Nicht-Erhaltung in der Gegenwart nahegelegt.

Dennoch kann die Postmoderne nicht mit der Nachneuzeit schlechthin gleichgesetzt werden oder in unserer Epoche die Nachneuzeit in dem Sinne ausgerufen werden, daß mit ihr die vierte Großepoche der Menschheit begonnen habe. Die Gliederung Antike – Mittelalter – Neuzeit ist eine Großgliederung, deren Fortsetzung in einem vierten Großzeitalter nicht mit derjenigen Postmoderne gleichgesetzt werden kann, die in der gegenwärtigen Debatte zur Diskussion steht. Die Postmoderne ist zwar das vierte Zeitalter, aber wir wissen nicht, ob sie ein viertes Zeitalter vom Range und der Dauer der ihr vorhergehenden Zeitalter der Antike, des Mittelalters und der Neuzeit sein wird. Wir wissen, daß etwas Neues und ein viertes Zeitalter beginnt, aber wir können nicht voraussagen, von welchem Rang, von welcher Bedeutung und Dauer es sein wird. Eine weltgeschichtliche Epochenschwelle kann nicht bei ihrem ersten Eintreten wahrgenommen werden, weil man ihr dann zu nahe ist. Die Nachneuzeit oder Postmoderne als historische Epoche kann nicht in unserer Zeit erst begonnen haben. Wenn wir in der Nachneuzeit leben, dann bereits seit geraumer Zeit. Toynbees Datierung der Epochenschwelle zur Nachneuzeit auf das Jahr 1875 hat ihre Berechtigung, weil sie in der Distanz eines großen Historikers nach 60 Jahren ausgesprochen wird. Sie fällt zudem mit der hier als entscheidend angesehenen Entdeckung des zweiten Hauptsatzes der Thermodynamik fast zusammen. Die Nachneuzeit hat bereits seit längerem begonnen, und sie ist nicht mit der gegenwärtigen Postmoderne identisch. Die Programme der Postmoderne sind nicht die Beschreibung einer bereits verwirklichten Nachneuzeit, sondern der Streit um die geistige Gestaltung der Gegenwart.

Für die gegenwärtige philosophische und kunsttheoretische Diskussion ist die Nachneuzeit jedoch auch nicht von besonderem Interesse, weil der historische Klassifikationsbegriff wenig analytischen Gehalt aufweist. Er erklärt nicht die Situation der Gegenwart. Denn eine weltgeschichtliche Epoche wie das Mittelalter, die Neuzeit oder eben die Nachneuzeit enthält zu viele divergierende und gegensätzliche Bewegungen, geistige Strömungen und philosophische Ansätze, als daß ihr Epochenbegriff philosophische Orientierung geben könnte.

c) Die Moderne als Ideologie: das Projekt der Moderne

Die Postmoderne-Diskussion bezieht sich nicht auf die Frage einer Schwelle Neuzeit – Nachneuzeit, sondern auf einen emphatischen Begriff von Modernität als eines „Projekts der Moderne", das nicht von einem historischen, sondern von einem ideologischen Begriff der Moderne seinen Ausgang nimmt. Seit der Aufklärung und dem Hegelianismus gibt es nach dieser Ideologie ein Projekt der Moderne und ein angebliches „Zeitalter des Geistes" oder der Aufklärung, das sich von seinen ungeistigen und unaufgeklärten Vorgängerzeitaltern absetzt. Die Moderne kann in diesem Sinn nicht als eine Epoche angesehen werden, weder in dem weiten Sinne von Moderne als saeculum des Christentums noch in dem engeren Sinne von Moderne als Neuzeit. Die Moderne als Ideologie ist keine Epoche, sondern ein weltanschauliches Projekt, wie es Habermas' „Projekt der Moderne" auch zutreffend formuliert. Es ist nur die Frage, ob sie das Projekt einer Ära oder einer Partei ist.

„Die Moderne" als Programm ist der Hegelianismus in seinen verschiedenen Ausprägungen als Lehre vom in und an der Welt werdenden Absoluten. Die Moderne ist das Projekt einer vollständigen Immanentisierung und Vergeschichtlichung Gottes beziehungsweise des Absoluten in der Welt. Die Weltgeschichte wird nicht nur zum Weltgericht, sondern zum Prozeß der Theogonie, zum Prozeß der Gottwerdung, wie Ludwig Feuerbach es formulierte. Die Weltgeschichte ist das werdende Absolute und der absolute Maßstab des Guten und Bösen. Es gibt keine Differenz zu diesem Prozeß mehr, keine Differenz des Individuums Mensch zur Menschheit, keine Differenz des Supernaturalen zum nur Naturhaften, keine Differenz zwischen Gott und Welt. Die Weltgeschichte ist vielmehr für die Moderne der radikal verweltlichte Gott. Weil die Weltgeschichte das Weltgericht und die letzte Instanz ist, weil allein der Erfolg in der Geschichte zählt, ist der Erfolg der wahre Gott der Moderne.

## 2. Die postmoderne Kritik an den Meistergeschichten der Moderne

Die Kritik der Postmoderne richtet sich in ihren beiden Varianten, in der supermodernen dekonstruktivistischen und in der transmodernen essentialistischen Variante, zuerst gegen diesen Monismus der Moderne und gegen die Eliminierung von Differenz. Lyotard definiert die Postmoderne durch die Ablehnung der Meistergeschichten des Hegelianismus: „In äußerster Vereinfachung kann man sagen: 'Postmoderne' bedeutet, daß man den Meta-Erzählungen keinen Glauben mehr schenkt."[4]

Die Meistergeschichte Hegels bildet die erste der beiden Metatheorien der Moderne. Sie ist die Metatheorie der modernen Wissenschaften, indem sie die Entfaltung der Wissenschaften und des menschlichen Wissens als Teil der Selbstentfaltung der Idee, des Absoluten selbst, faßt. Heinrich Heine hat diese Identität des werdenden Gottes mit dem endlichen Geist in seinen *Geständnissen* persifliert: „Ich war jung und stolz, und es tat meinem Hochmut wohl, als ich von Hegel erfuhr, daß nicht, wie meine Großmutter meinte, der liebe Gott, der im Himmel residiert, sondern ich selbst hier auf Erden der liebe Gott sei."[5]

Der Marxismus stellt die andere Meistergeschichte der Moderne dar, die Geschichte von der fortschreitenden Emanzipation der Menschheit. Die marxistische Meistergeschichte bestimmt die Entfaltung des menschlichen Wissens und der gesellschaftlichen Produktivkräfte als Emanzipationsprozeß des Menschen aus der Herrschaft des Menschen und der Natur. Der Marxismus enthält nach Lyotard auch Elemente der ersten, spekulativen Meistererzählung Hegels und schwankt zwischen dem spekulativen Materialismus als Metatheorie des wissenschaftlichen Weltbildes einerseits und dem Metadiskurs der autonomen Öffentlichkeit und Emanzipation der Gattung andererseits.[6] Beide Metatheorien der Moderne bezeichnet Lyotard als überholt. Die Meistergeschichten, die sie erzählen, fänden keinen Glauben mehr, und eben darin bestehe die Postmoderne.

Erstaunlich an der gegenwärtigen geistigen Situation ist

die Evidenz, die diese Behauptung gefunden hat. Tatsächlich ist die Begründung Lyotards für seine These, daß die „Großen Erzählungen" zu Ende sind, vergleichsweise dünn, und er vermag den großen spekulativen Systemen nicht selbst eine spekulative Alternative, sondern nur Überlegungen über die Veränderungen des Wissens und der Wissenschaftsorganisation entgegenzusetzen. Die Evidenz der These vom Ende der Meistererzählungen der Moderne muß deshalb in realen Veränderungen des gegenwärtigen Bewußtseins selbst liegen. Eine dieser Veränderungen ist zweifellos, daß ein wichtiger und unbestrittener Programmpunkt der Moderne, nämlich der Rechtsstaat und die soziale Grundsicherung von den Demokratien des Westens eingelöst wurde, die Utopie der Moderne von der Emanzipation der Gattung zu allgemeinen Menschenrechten im Westen Wirklichkeit wurde.

### 3. Postmoderne Polymythie?

Ein weiterer Grund für die Erosion der modernen Metatheorien ist in der Entmythologisierung des Marxismus zu suchen. Der Marxismus sieht in der Gegenwart seine Ansprüche auf Wissenschaftlichkeit zunehmend Zweifeln ausgesetzt. Einige marxistische Gruppen beginnen deshalb, wohl auch unter dem Einfluß des „New Age", den Marxismus als Mythos zu verteidigen. In dieser „postmodernen" Sicht des Marxismus als Mythos werden alle Ideologien und Weltbilder zu Mythen, so daß schließlich der Marxismus als ein Mythos mit anderen Mythen konkurriert.

In der „postmodernen" Remythologisierung der Welt entsteht die Neigung, auch noch das Christentum als einen Mythos unter anderen Mythen zu bezeichnen und in das Spiel der Weltanschauungen und miteinander konkurrierenden Mythen hineinzuziehen. Ein solches mythologisches Verständnis von Postmoderne würde einen Zustand vollenden, den Odo Marquard bereits für die Moderne gefordert hat, den Zustand der „Polymythie". Marquard beschreibt mit Polymythie einen Soll-Zustand der Gesellschaft, in welchem nicht *ein* Monomythos herrscht, sondern viele Mythen miteinander konkurrieren. Polymythie ist das Ideal eines Spiels der Weltanschauungen und Weltbilder. Die polymythische Situation ist eine Situation des Ontologisch-Werdens des Spieles, weil sich die geistige Auseinandersetzung in ein Spiel von Mythen verwandelt.

Das Spiel würde in einer solchen remythologisierten polytheistischen Postmoderne zur Grundkategorie der Wirklichkeit. Es geht nicht mehr um die Wahrheitsfrage in der Debatte der Weltbilder und um das richtige Leben, sondern um den Sieg in einem Spielwettbewerb zwischen verschiedenen „Kleinen Erzählungen". Die „Großen Erzählungen" oder Metanarrativa werden durch die kleinen Erzählungen oder eben Mythen ersetzt. Die Ideologie der Ontologisierung des Spieles und der Remythologisierung der Moderne bildet die anarcholiberale Variante der Postmoderne. Sie ist eine Rückkehr zum Polytheismus und verläßt damit die Moderne *und* das Christentum.

Bei der anarcholiberalen Utopie des Spieles der Erzählungen und der Polymythie kann jedoch aus drei Gründen nicht stehengeblieben werden. Zum ersten können die Menschen ihr Leben niemals nur als Spiel ansehen, weil sie dieses nur einmal spielen können, ein neues Mischen der Karten des „Lebensspieles" aber nicht möglich ist. Die Einmaligkeit und Irreversibilität des Lebenmüssens schließen es aus, das eigene Leben als Ganzes als Spiel anzusehen.

Zum zweiten ist gegen die Totalisierung des Spiels einzuwenden, daß das Spiel, wenn es die spielerische Qualität behalten soll, vom Nicht-Spiel, vom Ernst, unterscheidbar sein muß. Wenn das Spielerische totalisiert wird und kein Anderes des Spieles mehr existiert, verliert das Spiel seinen spielerischen Charakter. Es gibt, wenn alles spielerisch geworden ist, keine Spiele mehr. Die ontologische Qualität des Spielerischen geht bei einer Ontologisierung des Spiels verloren.

Der dritte Einwand gegen die Utopie des Ersetzens der „Großen Erzählungen" der Moderne durch die vielen kleinen Erzählungen und Mythen besteht darin, daß die Metatheorien der Moderne nicht im strengen Sinne „Erzählungen" sind. Sie sind Metatheorien und, wie Lyotard selbst schreibt, „Metanarrativa", das heißt Theorien jenseits der Erzählungen der Historie oder der Dichtung. Der Hegelianismus und der Marxismus versuchen die Theorien der Metaphysik einerseits und die Geschichte als Historie andererseits durch eine spekulative Theorie zu begründen, die weder Erklärung oder erklärende Theorie noch Erzählung oder Geschichte, sondern eine hybride Mischung aus Geschichte und spekulativer Philosophie, nämlich Geschichtsphilosophie ist. Sie erzählen weder die äußere Geschichte der Weltgeschichte noch die christliche Heilsgeschichte der Menschwerdung Gottes noch sind sie empirische wissenschaftliche Theorien. Sie sind Geschichtsphilosophie als dogmatische Spekulation, die aus der Logik – so bei Hegel – oder aus der Ökonomie – so bei Marx – die Entwicklungsgesetze des Absoluten, der Weltgeschichte und der Menschheit ableitet.

Die Geschichtsphilosophien der Moderne, der Hegelianismus und der Marxismus enthalten Momente des Gnostizismus, weil sie Theorien des werdenden Absoluten und, bei Hegel, auch des leidenden Gottes sind. Die Geschichtsphilosophie der Moderne spekuliert wie der antike Gnostizismus, wenn auch in modernen Termini, über die Lebensalter, die Äonen Gottes. Der Hegelianismus und der Marxismus als die „Projekte der Moderne" sind eine Form von Gnostizismus ohne transmundanen Erlöser und überweltliches Pleroma. In dem stählernen Gehäuse der Geschichte entfalten sich der Weltgeist beziehungsweise die Produktivkräfte beziehungsweise der herrschaftsfreie Diskurs auf jeder Stufe in *einer* notwendigen Gestalt.

Das den Gottesbegriff des Gnostizismus von demjenigen der christlichen Gnosis unterscheidende Merkmal ist, daß der Gnostizismus die Gottheit als werdend und leidend denkt. Sein Gottesbegriff ist derjenige eines fallenden und sein Bewußtwerden erleidenden Gottes. Auch das Christentum kennt ein Leiden Gottes, aber das christliche Leiden Gottes ist nicht ein dem Leiden Unterworfensein, sondern ein freiwilliges Aufsichnehmen des Leidens aus Mitleid. Das schlechthin werdende und seine Subjektwerdung erleidende Absolute ist dagegen ein in sich unmöglicher Begriff.

Das Absolute, das heißt Gott, kann weder als ein werdendes noch als ein unfreiwillig leidendes gedacht werden, ohne daß es aufhörte, absolut oder Gott zu sein. Ein unfreiwillig leidender Gott ist kein Gott. Wenn es das Absolute oder Gott gibt, dann muß es absolut sein, absolut von sich und frei existieren. Wenn es jedoch ein Absolutes oder Gott nicht gibt, dann gibt es auch keine endlichen Surrogate des Absoluten oder halbabsolute Subjekte der Geschichte wie den absoluten Geist oder die Dialektik der Geschichte.

Lyotards Theorie der Postmoderne kann das Verdienst beanspruchen, die Metatheorien der Moderne, die Großen Erzählungen vom werdenden Absoluten als Mythen dekonstruiert und eine neue Freiheit der Geschichten und Ansätze des Wissens geschaffen zu haben. Die französische Postmoderne hat den latent totalitären Charakter der hegelianischen und marxistischen Geschichtsphilosophie aufgewiesen. Ihre Gefahr ist jedoch, daß sie dem Abgleiten des postmodernen Wissens in die Beliebigkeit eines Polytheismus Vorschub leistet.[7]

Die polytheistische und damit remythologisierte Variante der gegenwärtigen geistigen Situation, das *New Age*, vermag nicht, die Differenzen festzuhalten, die bestehen zwischen jenem Wissen, das auf Historie schlechthin, und jenem, das auf religiöser Heilsgeschichte beruht, die festzuhalten sind zwischen jener Erzählung, die Mythos, und jener, die Fabel der Dichtung ist. Die mythologische Variante der Postmoderne verwischt die Grenzen, die zwischen den verschiedenen Gattungen von Erzählungen, zwischen den Meistererzählungen und den Kleinen Erzählungen liegen.

Auch Lyotards Postmoderne-Konzept ist hier nicht deutlich genug. Der Hegelianismus und Marxismus sind nicht Erzählungen im strengen Sinn. Sie erzählen weder Geschichte noch Dichtung. Sie sind weder reine Philosophie noch reine Historie, sondern Geschichtsphilosophie, das heißt dogmatische Spekulation und philosophische Dichtung über den Lauf der Weltgeschichte. Das Christentum ist dagegen Erzählung, aber nicht Mythos oder Fabel, sondern geschichtliche Überlieferung. Sein theoretischer Inhalt ist nicht autonome, dogmatische Spekulation der menschlichen Vernunft, sondern Glauben an und spekulative Einsicht in die Heilsbedeutung der erzählten Ereignisse. Schließlich sind die Erzählungen der Dichtung weder Historie, noch Mythen im religiösen Sinn, noch Religion, noch philosophische dogmatische Spekulation, sondern Geschichten im Sinne von Fabeln.

Die Ausdehnung des Begriffs der Erzählung beziehungsweise des Narrativs bei den französischen Denkern der Postmoderne leistet der Mythologie und damit einer Gefahr Vorschub, die dem mythologischen Denken eigen ist. Obgleich gerade Lyotard die Gattungen des Wissens, die „Sprachspiele" im Sinne Wittgensteins, nach ihrer inneren Logik getrennt halten will, ja einen Übergang zwischen den Genera des Diskurses für unmöglich hält, befördert die Betonung der Vielheit in der dekonstruktivistischen Postmoderne in ihren realen Auswirkungen die Mythologie, weil der Verzicht auf eine Hierarchisierung der Wissensformen nach Geltungsanspruch die Weltbemächtigung durch Mythologie freisetzt. Das mythologische Bewußtsein vermengt die Gattungen des Wissens, das heißt dessen, was erzählt wird. Es nivelliert die unterschiedliche Berechtigung, mit der Theorien und Erzählungen Wahrheitsansprüche erheben können.

*4. Die Postmoderne als Flucht aus dem*
*stählernen Gehäuse der Moderne*

Die Moderne im Sinne der hegelianischen Ideologie der Moderne ist die vollständige Verweltlichung des Göttlichen und Supernaturalen, das Absolute ist in der absoluten Logik Hegels vollständig immanentisiert und dem Fortschreiten der Dialektik unterworfen. Die Dialektik als Grundprinzip der Moderne erzeugt ein stählernes Gehäuse und ehernes Entwicklungsgesetz der Geschichte, das weder dem Absoluten noch der menschlichen Individualität es noch erlaubt, sich gegen die absolute Logik des Prozesses zu behaupten. Das Selbst wird konsumiert in einem Prozeß, dessen objektive Widersprüche über die subjektiven Widersprüche des Selbst hinweggehen. Hinzu kommt die der Moderne eigentümliche Futurisierung der Versöhnung der Widersprüche. Diese werden nicht mehr als solche gedacht, die in der Gegenwart zu versöhnen sind, sondern als historische Widersprüche, deren Aufhebung sich durch den Fortgang der Geschichte in der Zukunft vollziehen wird. Im Gegensatz zum Anliegen der Mystik, die Widersprüche hier und jetzt zu harmonisieren und zu versöhnen, denkt die Moderne die Versöhnung als Prozeß, den die Weltgeschichte in ihrem Fortschreiten vollziehen wird, der aber über das Schicksal von Individuen und Gruppen hinweggehen muß.

Die Futurisierung der dialektischen Versöhnung ist für den der Moderne eigentümlichen Progressismus verantwortlich. Nicht mehr Versöhnung in der Gegenwart, sondern Aufhebung in der Zukunft und in die Zukunft wird gefordert. „Aufhebung" der Widersprüche durch Fortschritt ist für die Moderne als Ideologie kennzeichnend. Der japanische Philosoph Nishida kritisiert, von der Mystik und der Tradition des Zen-Buddhismus ausgehend, dieses Progredieren und in die Zukunft Verschieben der Aufhebung der Widersprüche in der Dialektik Hegels und stellt dem Progressismus die Forderung entgegen, daß die Widersprüche in der Gegenwart versöhnt werden müssen.

Zur Moderne und ihrem Gedanken der Versöhnung der Widersprüche im Fortschritt der Zeit gehört neben dem Progressismus notwendig der Gedanke der Utopie. Die Utopie ist die Erwartung einer innerweltlichen Aufhebung aller Widersprüche in der nahen Zukunft. Die Utopie ist in der Moderne nicht nur Traum oder Gedankenexperiment, sondern sie ist die immanentisierte Naherwartung der realen Aufhebung der Widersprüche des dialektischen Prozesses, der jetzt noch durch sie angetrieben wird. Zur Moderne gehört die geschichtsphilosophische Naherwartung in der szientistischen Variante der Aufhebung der Widersprüche durch vollständiges positives Wissen von der Welt im Positivismus, in der dialektischen Variante Hegels durch den absoluten Geist und in ihrer politisch-ökonomischen Variante von Marx durch die Vergesellschaftung der Produktionsmittel. Alle drei Formen der innerweltlichen Naherwartung stehen in scharfem Gegensatz zum mystischen Gedanken eines Ertragens und Verwindens der Widersprüche im Hier und Jetzt, im mystischen Augenblick.

Die szientistische und die ökonomische Utopie der Moderne sind heute in gewisser Weise sowohl verwirklicht als auch widerlegt worden. Die Erwartung wissenschaftlicher Totaltransparenz durch Wissenschaft hat sich nicht erfüllt, wohl aber sind eine hohe Beherrschbarkeit von Teilbereichen der Wirklichkeit und deren technische Nutzung eingetreten. Ebenso ist die wirtschaftliche Entwicklung vorangeschritten, aber sie hat nicht die endgültige Aufhebung von Knappheit gebracht. Die Naherwartung der Moderne ist weder völlig gescheitert, noch ist sie vollständig erfüllt worden. Die Utopie der Moderne ist nur zur Hälfte eingetreten.

a) Die Enttäuschung der utopischen Naherwartung

Man hat für den ganz anders gearteten Zusammenhang der Antike die These aufgestellt, daß es eine Logik der Enttäuschung von Erwartungen und der Kompensation für enttäuschte Erwartungen gibt, die folgendem Muster folgt: *When prophecy fails, apocalypticism, when apocalypticism fails, gnosticism.* Jacob Taubes hat diese Logik der Kompensation als charakteristisch für das frühe Christentum und das Spätjudentum behauptet.[8] Wenn die messianische Naherwartung scheitert, tritt die Erwartung der Apokalypse ein, wenn diese Erwartung scheitert, der Gnostizismus.

Diese Logik der Erwartungsenttäuschung läßt sich auf die Situation der Moderne übertragen, ja sie stellt geradezu die Logik des Übergangs von der Moderne zur Postmoderne dar. Auf das Christentum, für das sie zunächst aufgestellt wurde, trifft sie weit weniger zu als auf die Moderne. Das Christentum kann schon in seiner ersten Form des Frühchristentums nicht angemessen als innerweltliche Naherwartung beschrieben werden, weil im Anschluß an

Karl Barth das, was nach dem Christentum eintreten soll, innerweltlich gar nicht scheitern kann, oder das, was innerweltlich scheitert, gar nicht das Proprium, die eigentliche Erwartung des Christentums ist.

Weil die Naherwartung der Moderne unbestreitbar innerweltlich ist, gilt für sie jedoch, daß sie scheitert, wenn ihr utopischer Gehalt nicht erfüllt wird. Empirisch ist aber heute festzustellen, daß die Naherwartung der Moderne als Ideologie, wie die Krise des Marxismus zeigt, gescheitert *ist*. Um die Enttäuschung der Naherwartung zu verwinden, muß die Moderne den Verlust der Utopie durch Apokalyptik oder Gnostizismus kompensieren. In der ganzen Welt gibt es keinen einzigen Ort mehr, der als Anknüpfungspunkt für eine innerweltliche Utopie dienen könnte. Die Utopien finden nach ihrer Ostwanderung über Moskau, Peking und Hanoi keinen real existierenden utopischen Ort mehr – wenn auch der Begriff „utopischer Ort" streng genommen eine *contradictio in adjecto* ist. Wenn nur noch ein so un-utopisches Land wie die USA als Anknüpfungspunkt und Entwicklungspotential für Utopien zu dienen vermag, sind die Aufhebungshoffnungen der Moderne in eine Krise geraten. Die Moderne als Programm muß diesen Verlust der Utopien durch Apokalyptik oder Gnostizismus kompensieren. Das Ausweichen des Projekts der Moderne in Apokalyptik wurde in Teilen der Neuen Sozialen Bewegungen wie der Atomtodbewegung und ähnlichen auch vollzogen, aber wie bei jeder Apokalyptik ohne dauerhaften Erfolg. Eine Apokalyptik, die nicht eintritt, scheitert ebenso wie eine positive Naherwartung, die nicht erfüllt wird.

Die Kompensation der hegelianischen und marxistischen Naherwartungsenttäuschung durch Gnostizismus ist das, was sich in der französischen dekonstruktivistischen Variante der Postmoderne vollzieht. Die andere Möglichkeit, auf die Krise der Moderne zu antworten, ist die Rückkehr zur christlichen Mystik und Gnosis. Sie ist die Antwort, die die essentialistische Postmoderne auf die Krise der Utopie und der Moderne gibt. Beide, die essentialistische und die dekonstruktivistische Postmoderne haben einen mystischen Gehalt. Die wesentlichen Begriffe der dekonstruktivistischen Postmoderne sind mystische Begriffe, allerdings Begriffe einer a-theistischen Mystik und atheologischen Lehre vom Supernaturalen. Sie sind Begriffe des Gnostizismus.

b) Gnostizismus als Kompensation der Naherwartungsenttäuschung

Der Gnostizismus ist eine Theorie der Gesamtwirklichkeit, die die Gesamtwirklichkeit als in zwei Bereiche aufgeteilt ansieht, in den Bereich des göttlichen Pleromas, der göttlichen Fülle, zu der auch das Innerste der menschlichen Seele gehört, und in den Bereich der zerrissenen und veräußerlichten materiellen Welt, die nur durch den Fall der göttlichen Welt, des Pleromas, entstanden ist. Entscheidend ist, daß für den Gnostiker die Gottheit nicht Herr der Geschichte, sondern ihr wie der Mensch unterworfen ist, und daß das göttliche Pleroma in den Werken der Kunst und in der Gnosis des Menschen in die äußere Welt der Leere hineinscheint. Das Supernaturale, das ganz Andere, das Unerwartete, Neue und Fremde liegt neben der Welt des Identisch-Gemachten und Sich-Gleichbleibenden und bricht immer wieder in der Kunst und im Denken in die äußerliche Welt der Leere hinein.

Für den Gnostizismus ist charakteristisch, was Thomas Carlyle[9] als Wesen der deutschen Romantik *und* des Deutschen Idealismus beschrieben hat: Gnostizismus und Romantik sind „natural supernaturalism".[10] Der Romantizismus und Gnostizismus nehmen einen natürlichen Supernaturalismus an, der in die Welt des Naturalismus hineinbricht, aber der nicht theologischen und transzendenten Ursprunges ist wie der Supernaturalismus des Christentums und Judentums. Die Grundkategorie des natürlichen Supernaturalismus ist das „Ereignis".[11] Im Ereignis ereignet sich für den Gnostizismus die „nichttranszendente Transzendenz" des Gegebenen, Gewohnten, der Leere. Das Ereignis lichtet, um mit Heidegger zu sprechen, das Sein in das Seiende, das Pleroma in das Kenoma.

Für die gefallene Welt bestimmend ist nach dem Gnostizismus die Differenz, die Differenz von Kenoma und Pleroma, von Welt der Leere und Welt der Fülle, die durch den Menschen selbst hindurchgeht und in ihm und der Welt im Ereignis die Fülle aufbrechen läßt. Mit dieser Differenz verbunden ist die Überzeugung von der Gefallenheit und dem Ungenügen der gegebenen Wirklichkeit. Das Wirkliche ist nach dem Gnostizismus das Falsche und in die Irre Gegangene und noch ständig in die Irre Gehende, das Uneigentliche.

Schließlich ist neben dem Begriff des Ereignisses und der Differenz der Autonomie-Gedanke für den Gnostizismus zentral. Der Mensch als Wesen, dessen Heimat in der Fülle liegt und dessen Seelenzentrum gottgleich ist, ist autonom und absolut frei in seinen Entscheidungen. Die Wirkungen seiner Handlungen auf die Welt der Leere und des Scheins, auf diese schlechte Wirklichkeit sind für sein Pneuma, sein innerstes Selbst gleichgültig.

c) Die dekonstruktivistische Postmoderne als atheistische Mystik

Alle genannten Merkmale des Gnostizismus, Ereignis, Differenz, Entmoralisierung der Wirklichkeit, Überhöhung der menschlichen Autonomie, treten in der dekonstruktivistischen Postmoderne und bei Heidegger, auf den sich die französischen Postmodernisten beziehen, in leicht verwandelter Form wieder auf.

„Ereignis" ist Grundkategorie bei Heidegger und bei Lyotard. Das Differente, die Differenz, das Andere als Anderes ist zentral bei Lyotard und Derrida. Die Differenz hält das Sein offen für das Andere, hindert, daß das Besondere durch das Allgemeine übermannt wird, bewahrt das Eigenrecht der Namen.

Bei Lyotards tiefsinniger Betonung des Eigenrechts der Namen gegenüber der Allgemeinheit des Begriffs stellt sich jedoch die Frage, warum der Eigenname als starrer Designator, als unveräußerlicher Ausdruck der Individualität einen besonderen Wert besitzen soll, wenn ein transzendentes göttliches Personzentrum, das die Namen auch noch nennt, wenn keiner sie mehr kennt und der leibliche Träger des Namens vergangen ist, als nicht existent angenommen wird.

Für Lyotard ist die Wirklichkeit bestimmt durch Widerstreit, Diskontinuität, Heterogenität, die es gegen das Allgemeine und die Homogenisierung zu erhalten gelte. Die Heterogenität der Sprache und Sprachspiele, ihre NichtÜberführbarkeit ineinander spiegelt den ontologischen und objektiven Widerstreit in der Wirklichkeit wider. Das Ereignis soll Zeugnis ablegen von dem Widerstreit zwischen den heterogenen Formationen der Sprache und der Wirklichkeit.[12] Der Widerstreit, das Differente ist Anzeige des zerrissenen Charakters der Welt, den auch der Gnostizismus annimmt. Die Wirklichkeit ist katastrophisch und zerrissen.

Wo die hegelianische Moderne die Erbsünde und die Gefallenheit der Welt leugnet und in ihr nur den notwendigen Anstoß zur Selbstbewußtwerdung, sozusagen den ersten Anlaß der dialektischen Selbstbewegung, erkennt, wird der gefallene Charakter der Wirklichkeit in der dekonstruktivistischen Postmoderne überzeichnet, die Erbsünde ontologisiert. Die Wirklichkeit selbst und nicht das Böse in ihr ist der Widerstreit.[13] Da Ordnung für die Dekonstruktivisten nur die Gefahr, nie jedoch die Chance zur Selbstwerdung bildet, wird die Vielheit zum Attribut des Guten und die Einheit zum Signum des Schlechten.

Derrida sieht in dem Versuch, den Monismus zu begründen und die Differenz auszugrenzen, den Sündenfall. Der Sündenfall des Turmbaus zu Babel hat ihm zufolge den Sinn zu zeigen, daß der Versuch, Monismus und Einheit zu errichten, zur Zerstreuung und zum Fall führt. Der vergebliche Turmbau steht für die Sünde des Monismus.

Gegen diesen Versuch, die Vielheit und Pluralität zum Signum des Guten zu machen und die Einheit zu dämonisieren, muß eingewendet werden, daß der Versuch, die Wirklichkeit durch Pluralität zu entmoralisieren, ebenso schlecht ist wie der entgegengesetzte Versuch, sie durch den Monismus zu entmoralisieren. Wie gegen den Hegelschen Monismus eingewandt werden muß, daß es gute und schlechte Einheit, versöhnende und gewalthafte Aufhebung gibt, so muß gegen den postmodernen metaphysischen Pluralismus geltend gemacht werden, daß es gute und schlechte Vielheit, befreiende Vielheit und vergleichgültigende Zerstreuung beziehungsweise Vereinzelung gibt.

Vor der katastrophischen Wirklichkeit vermag nach der dekonstruktivistischen Postmoderne nur die Differenz, der Widerstreit, zu bewahren. Die Differenz ist hier nicht, wie im Hegelianismus, bloße Negation, die sich nur zur höheren Stufe aufhebt. Georges Bataille, der, obgleich sich Lyotard von ihm abzusetzen versucht,[14] in vielem der eigentliche Vater des Dekonstruktivismus ist, ironisiert die Ökonomie des Hegelschen Systems und damit der Moderne, in der jeder Aufwand noch in Gewinn verwandelt wird, jede Negation noch durch Aufhebung zu Positivität wird und ihre Negativität verliert. Aufhebung ist nach Bataille komisch: alles amortisiert sich. Jede dialektische Investition wird in der absoluten Logik ein geschäftlicher Erfolg.[15]

Hegel ist das Gegenteil der tragischen Weltsicht, er ist die komische Weltsicht par excellence, in der schon in dieser Welt alle Differenzen aufgehoben werden und jeder seinen Lohn erhält. Kein Widerspruch bleibt unaufgelöst, kein Akteur bleibt einsam zurück, sondern alles vermählt sich zur Aufhebung. Jeder findet seine Braut, jede ihren Bräutigam.

Wenn allein die Differenz die Übermächtigung durch die Wirklichkeit und die komische Amortisation von Negativität durch Aufhebung aufhalten kann, wird Pluralität zu einer ontologischen Forderung und Pluralismus das politische Pendant zur pluralen Ontologie der Differenz. Der Anarcholiberalismus der dekonstruktivistischen Postmoderne folgt aus ihrem ontologischen Pluralismus. Die Dispersion der Sprachspiele, Diskursarten und Rationalitätsformen und die Dekonstruktion der Systeme müssen die Differenz in der Wirklichkeit der Leere sichern, das stählerne Gehäuse aufbrechen.

Offen bleibt die Frage, ob die anarchische Differenz ausreicht, um dem doppelten Panzer der natürlichen Welt und der Artefakte der Kultur zu entkommen, ob nicht auch der postmoderne Gnostizismus von der Erfahrung eingeholt werden wird, die bereits der antike Gnostizismus machte, daß es nämlich kein Entkommen durch Anarchie gibt. De Maistre hat bereits gesehen, daß es gegen die Allmacht und die übergroßen Qualitäten Gottes nur ein Mittel gibt: ihn zu lieben.

Dekonstruktion ist ein selbst mystischer Begriff. Dekonstruktion kann treffend mit *Entbildung* übersetzt werden. „Entbildung" der Bildungen der Welt war eine zentrale Forderung der deutschen Mystik des Mittelalters. Die dekonstruktivistische, atheologische Mystik der Postmoderne kennt jedoch nicht die Fortsetzungen, die der Gedanke der Entbildung in der theologischen Mystik erfährt, nämlich Überbildung durch Gott und Gelassenheit gegenüber dem Seienden.

Gnostizistisch-mystisch ist auch die Übersteigerung des Autonomie-Gedankens zur Souveränität bei Bataille. Die Souveränität ist Übersteigerung der Freiheit zum absoluten Für-sich-Sein, das sich nicht mehr wie Hegels Selbstbewußtsein einem anderen verdankt, und sei es auch das Andere seiner selbst. Absolute Freiheit, Souveränität, kann sich nicht einem anderen verdanken und auf Erhaltung aus sein, weil die Erhaltung nach Bataille immer knechtisches Bewußtsein bleibt. Erhaltung hängt immer an einem anderen, das nicht Selbst ist. Sie ist im Sinne der Dialektik von Herr und Knecht, wie sie Hegel in der *Phänomenologie des Geistes* entwickelt, nach Bataille immer knechtisch, selbst wenn sich ein Herr erhält. Souverän ist der Mensch nur, wenn er sich auch noch von der Sprache und vom Leben befreit, also zur souveränen Selbstvernichtung fähig ist.[16]

Der mystische Gedanke der *resignatio ad infernum*, wie er etwa bei Jan van Ruusbroec zu Beginn des 14. Jahrhunderts entfaltet wird, des Verzichtes auf die Eigenliebe zugunsten der Gottesliebe bis zur Bereitschaft, die Hölle auf sich zu nehmen, kehrt hier in atheistisch-nihilistischer Umkehrung wieder. Das mystische Selbst Batailles verzichtet auf das Leben und seine Erhaltung, um in *einem* Augenblick souveräner Verschwendung die absolute Freiheit, die Souveränität zu verwirklichen. Nur in der Verschwendung, der Nicht-Erhaltung, wird der Mensch nach Bataille souverän, während die Erhaltung und das Sich-Abarbeiten an der Objektivität knechtisch bleibt. Nur im Augenblick des Freitodes ist der Mensch souverän.

Die Falle der Autonomie, in die jeder Mensch, der sich für autonom hält, gerät, die Falle, in der die Moderne durch die Autonomisierung des Menschen gefangen ist, wird hier sichtbar. Da jeder Mensch objektiv nicht autonom ist, weil keiner sich selbst gebiert und keiner sich selbst stirbt, kann das Individuum nur für einen Augenblick autonom sein: im Augenblick seiner Selbsttötung. Es vermag nur für diesen Augenblick des Todes Autonomie zu realisieren. Die Falle der Autonomie verwandelt die Autonomie und Souveränität der atheistischen Mystik in Todesmystik.

Die dekonstruktivistische Postmoderne ist Dekonstruktion des Projekts der Moderne, wie es der Hegelianismus definiert hat. Die Konstruktionen der absoluten Logik und der Anspruch des absoluten Wissens sollen destruiert, das absolute Wissen Hegels zu einem Wissen unter anderem Wissen gemacht werden. Die Dekonstruktion trägt mystische Züge in folgenden Punkten: Erstens ist die Differenz radikale Differenz und nicht nur Negation, die ihrer eigenen Wiederaufhebung dient. Zweitens soll das ganz Andere in der Welt zum Ereignis werden. Drittens gewinnt die Vielheit, die mystische *dispersio*, ontologische Bedeutung – allerdings ohne ihre Entsprechung der *unio mystica*.

Die dekonstruktivistische Postmoderne ist die Revolte einer atheologischen Mystik gegen das stählerne Gehäuse des Modernismus und seine absolute Aufhebungsbegierde, gegen ein Gehäuse der Hörigkeit, das die Vernichtung der Individualität und den Untergang der Namen einschließt. Die Mystik der französischen Postmoderne ist der Versuch, durch die Übersteigerung der mystischen Autonomie und Differenz dem Gehäuse der Hörigkeit, das das moderne Systemdenken geschaffen hat, zu entgehen. Die Dekonstruktion will den nach der Enttäuschung der utopischen Naherwartung drohenden Nihilismus durch einen atheologischen Gnostizismus und eine atheistische Mystik überwinden, so, wie der antike Gnostizismus versucht hatte, den Nihilismus der antiken Welt nach dem Sterben der Götter des Mythos durch seine „Gnosis" zu überwinden. Die mystische Dekonstruktion der Systemphilosophie der Moderne und die Kritik daran, daß die Moderne als Ideologie die Transzendenz des Göttlichen, die Singularität des Individuums und die mystische Unverfügbarkeit über das menschliche Personzentrum und über das Innere der Natur aufgehoben im Sinne von beseitigt hat, ist ein philosophischer Beitrag von großer Bedeutung und markiert das Ende der Ära der Dominanz des dialektischen Denkens.

Diese Dekonstruktion ist philosophisch auch dort bemerkenswert, wo der positive Ertrag und die Alternative zur Moderne, nämlich die atheologische Mystik, nicht befriedigen können. Die atheologische Mystik der dekonstruktivistischen Postmoderne bleibt so widersprüchlich wie jede atheistische Mystik, weil sie den Denk- und Seinsgrund der Mystik, das als Person gedachte Göttliche, nicht angeben kann. Eine Souveränität des mystischen Selbst, die sich nur in ihrer eigenen Vernichtung zu realisieren vermag, ist nicht wirklich souverän. Ereignisse, in denen sich nur Ereignis ereignet, sind keine „Ereignisse". Differenzen, in denen nicht das wirkliche Supernaturale aufscheint, reproduzieren nur die schlechte Aufhebung des Hegelschen Anderen seiner selbst. Das natürliche Supernaturale des Gnostizismus bleibt gegenüber dem Naturalismus am Ende doch nur naturhaft und das Andere des Naturalismus selbst. Die Differenz ohne Transzendenz erzeugt nur wieder die ewige Wiederkehr des Gleichen.

Die Schwächen der atheologischen Mystik der dekonstruktivistischen Postmoderne machen deutlich, daß für eine wahre Überwindung des Modernismus eine theologische Mystik und christliche Gnosis notwendig sind. Sie zeigen zugleich, daß die dekonstruktivistische Postmoderne eine Widerlegung des hegelianischen Projekts der Moderne und das Ende der Moderne als Ideologie bezeichnet. Die dekonstruktivistische Mystik der Postmoderne beendet nicht die Moderne im Sinne des christlichen Äons. Sie ist vielmehr als Mystik eine Möglichkeit, zum christlichen Äon zurückzugelangen. Die dekonstruktivistische Mystik beendet die Moderne als Ära derjenigen Meistererzählung, die die System- und Geschichtsphilosophie erzählt.

Die Rückkehr zu einer mystischen Philosophie zeigt selbst in der atheistischen Form des postmodernen Gnostizismus, daß sich die Epoche der antitheologischen Moderne und ihrer Entzauberung der Welt dem Ende zuneigt. Noch ist es jedoch nicht ausgemacht, ob die atheistische Mystik der Dekonstruktion aufgrund ihrer Übersteigerung des modernen Autonomie-Gedankens in der Idee der Souveränität nicht doch nur eine Steigerung der Moderne zur Supermoderne, nicht jedoch eine „Verwindung" der Moderne zu einer wahren Postmoderne darstellt. Für eine transmoderne Postmoderne wird das philosophische Begreifen der Inhalte des Christentums, wird eine wahre christliche Mystik und Gnosis entscheidend sein. Die Polymythie und die atheistische Mystik der Dekonstruktion bedürfen ihrer Überwindung in einer Theorie der Gesamtwirklichkeit, die weder vom modernen noch vom postmodernen Atheismus bestimmt ist, sondern die theologisch-mystischen Voraussetzungen der Postmoderne in sich angemessen zur Darstellung bringt.

Erst eine Postmoderne, die anzuschließen vermag an die Moderne im Menschheitssinn, an den christlichen Äon, erst eine Postmoderne, die Restauration des Christentums, aber nicht Restauration der Vormoderne ist, wird nicht nur Supermoderne, sondern Postmoderne sein.

# Teil II
## Spekulative Philosophie.
## Gnosis als Metaphysik

### 4. Kapitel
## Die Krise des wissenschaftlichen Weltbildes und die Wiederkehr der spekulativen Philosophie

Man kann eine Krise nur wahrnehmen, wenn es auch einen Zustand dessen, was in der Krise ist, gibt, der nicht krisenhaft ist. Andernfalls ist der Zustand der Krise der Normalzustand und daher nicht „in der Krise". Die Moderne und ihre Wissenschaft scheinen nun permanent „in der Krise" zu sein, ihr Normalzustand der krisenhafte zu sein.

### 1. „Die Krise" und die alltäglichen Krisen

Die Normalität der Krise ist daran erkennbar, daß man den Begriff „die Krise" neuerdings auch ohne einen Genitiv benutzen kann. So ist kürzlich ein Sammelband mit philosophischen Beiträgen mit dem Titel *Über die Krise* erschienen.[1] Die Krise ist zum Kollektivsingular des 20. Jahrhunderts geworden. So wie man im 19. Jahrhundert von „der" Geschichte und „der" Revolution sprach, statt von geschichtlichen Prozessen und von Revolutionen, spricht man in unserer Zeit von „der" Krise, obgleich unklar ist, was „in der Krise" ist.

Bei der Krise des wissenschaftlichen Weltbildes ist die Situation günstiger. Hier ist, obgleich schwer zu fassen, ein Träger der Krise angegeben, das wissenschaftliche Weltbild. Das wissenschaftliche Weltbild muß nun anderes und mehr sein als die Wissenschaften. Denn die Wissenschaften sind immer in der Krise, weil sie von Krise zu Krise, von einer Widerlegung des Wissens zur anderen, voranschreiten, weil die Wissenschaften nach Karl Popper nur Hypothesen aufstellen, die so schnell wie möglich durch die Konkurrenz der anderen Wissenschaftler, die ihrerseits auch nur „fallible" Hypothesen aufstellen, in die Krise geraten und falsifiziert werden sollen.

a) Die Krisen des wissenschaftlichen Alltags und das Spiel der Hypothesen

Die moderne Wissenschaft ist, wie im übrigen die moderne Wirtschaft, in alltäglichen Krisen. Die wirtschaftlichen und wissenschaftlichen Unternehmen – letztere werden von den wissenschaftlichen Schulen gebildet – müssen immer die Krise ihres Produktes im Wettbewerbsmarkt fürchten. In der modernen fallibilistischen Wissenschaft führen die Vorläufigkeit des Anspruchs auf Wahrheit, das Sich-Bescheiden mit „Hypothesen" und der Wettbewerb mit den ebenso fragilen, hypothetischen Ansprüchen der anderen Wissenschaftler dazu, daß hypothetische Wissenschaft immer ein krisenhaftes Gebilde ist. Wie der Unternehmer in der Wirtschaft über eine Krise seiner Branche zu klagen hat, hat auch der Wissenschaftler immer Grund, eine Krise seines Faches zu konstatieren. Wie im Markt die anderen Anbieter den Produzenten zu überrunden suchen, sind auch die Wissenschaftler ständig dabei, die Hypothesen, die andere gerade aufgestellt haben, zu falsifizieren und deren Produkt, die neue Theorie, vom Markt der Wissenschaft zu verdrängen.

Man kann aus dieser mißlichen Situation des modernen Wissenschaftlers das Beste machen, indem man das Hypothesen-Aufstellen und -Falsifizieren, das Hypothesen-Bilden als ein Spiel ansieht. Die Wissenschaft als ein Spiel zu verstehen, ist deshalb heute eine Haltung, die im Vordringen ist, wie überhaupt das Spiel und das Spielerische in der Gegenwart ontologische Bedeutung gewinnen. Die Ontologisierung des Spiels stimmt freilich den kritischen Beobachter wenig spielerisch, wenn das Spiel ubiquitär wird.

Die Totalisierung des Spielerischen zeigt sich bei den französischen Post-Modernisten, bei denen die Rationalität, die Verpflichtung zur Rationalität, in ein Spiel der Konstruktionen der Vernunft aufgelöst wird. Die Vernunft bleibt nur noch ein Spiel der Dekonstruktion und Konstruktion von Modellen.

Die Krise des wissenschaftlichen Weltbildes meint eine Krise der Wissenschaft schlechthin, eine Krise des Totalitätsanspruchs der Wissenschaft. Man muß deshalb die Frage stellen: Steht der Anspruch auf Totalität, der Anspruch auf Totalerklärung, den die moderne Wissenschaft gestellt hat, heute in Frage?

### b) Die Natur des wissenschaftlichen Weltbildes

Das Weltbild und daher auch das wissenschaftliche Weltbild ist, wie Heidegger in seinem Aufsatz „Die Zeit des Weltbildes"[2] gezeigt hat, etwas Neuzeitliches. Es ist die Idee, daß sich das menschliche Subjekt ein Bild von der Welt als ganzer macht. Das Ziel des Weltbildes ist wiederum mit dem Subjektivitäts- und Machtanspruch des modernen Subjektes eng verbunden. *Ich mache mir ein Bild von der Welt als ganzer*, – so kann das Ziel des wissenschaftlichen Weltbildes beschrieben werden.

Dieser Satz hat drei Bestandteile. Erstens, das *Ich* macht sich ein Bild. Wissenschaftliche Wahrheit gründet in der Subjektivität des Ich. Das Ich muß sich das Bild selbst machen und es muß diesem Bild zustimmen können. Daraus entsteht im wissenschaftlichen Weltbild das Problem der Intersubjektivität, der Gemeinsamkeit von „Weltbildern". Wie gelangen wir von der Subjektivität all der Weltbilder, die sich die Ichs machen, zu etwas Verbindendem und Verbindlichem, zu einem Weltbild, auf das sich die Subjekte einigen können?

Der Satz enthält zweitens die Aussage: Ich *mache* mir ein Bild. Für die moderne Wissenschaft und ihr Weltbild ist der Aspekt des Machens und der poietische Charakter des wissenschaftlichen Produzierens von großer Bedeutung. Die moderne Wissenschaft und das wissenschaftliche Weltbild erscheinen als das Resultat eines geistigen Herstellens und Machens, als Resultat der produktiven Einbildungskraft. Die wissenschaftliche Tätigkeit ist nicht wie in der älteren Philosophie oder Wissenschaft ein Aufnehmen von Gehalten, die in der Welt schon sind, sondern sie ist autonomes Hervorbringen von Sinn in der Welt und souveränes Machen eines Bildes von der Welt.

Der Satz enthält drittens den Bestandteil: Ich mache mir ein *Bild vom Ganzen*. Es geht um die Totalität menschlichen Erkennens. Damit ist klargestellt, daß es für die Wissenschaft keine Unverfügbarkeit des Seins gibt, sondern daß das eigentliche Ziel die vollständige Herstellbarkeit eines Bildes ist, in dem das Geheimnis der Welt so vollständig wie möglich aufgelöst ist. Im letzten steht hinter dieser Konzeption die Tendenz, das Weltbild als eine Neuschöpfung von Wirklichkeit in der Wirklichkeit zu sehen.

Diese drei Momente, das Moment der Subjektivität, das Moment des poietischen Charakters des Weltbildes beziehungsweise der Rolle der produktiven Einbildungskraft in seiner Erzeugung und das Moment der Totalität, sind nun Charakterzüge des romantischen und des gnostischen Charakters. Um der Eigenart des wissenschaftlichen Weltbildes und seiner Krise auf die Spur zu kommen, muß man dem romantischen und gnostischen Charakter des Szientismus nachgehen.

c) Die Krise des wissenschaftlichen Weltbildes und die Rückkehr des Mythos

Die heutige Krise des wissenschaftlichen Weltbildes ist nun keine der alltäglichen Krisen der Wissenschaft, die, wie beschrieben, immer in der Normalität der Krise ist. Die Krise des wissenschaftlichen Weltbildes ist auch keine Krise der Vernunft oder des Erkennens, weil die Vernunft nicht mit wissenschaftlicher Vernunft identisch ist. Die Krise des wissenschaftlichen Weltbildes ist vielmehr eine Krise des Szientismus und der Totalisierung der Wissenschaft zur Weltanschauung. Man muß deutlich unterscheiden zwischen Wissenschaft und Szientismus. Jede Wissenschaft und Philosophie, auch die nicht-hypothetische und nicht-fallibilistische, sind immer in einer krisenhaften

Situation, weil – mit Michel Foucault – die Welt kein Komplize unserer Erkenntnis ist, und, wie es bereits Aischylos in seinem *Gefesselten Prometheus* ausdrückt, „das Wissen um vieles weniger kräftig ist als die Wirklichkeit". Prometheus ist bei Aischylos der Bringer der Wissenschaft. Zugleich ist in der Moderne Prometheus der Held schlechthin, der romantische Revolutionär des Wissens, der Befreier des Menschen.

So etwa bei Marx: „Prometheus ist der vornehmste Heilige und Märtyrer im philosophischen Kalender."[3] Ernst Bloch zeichnet die Wandlungen des Prometheus-Bildes nach. Während bei den griechischen Tragikern, vor allem Aischylos, Prometheus in hohen Ehren stehe,[4] werde außerhalb der tragischen Weltsicht in der Antike Prometheus' Rang nicht anerkannt. „Die gesamte antike Sklavenhaltergesellschaft nahm ein tragisch Aufsässiges im Leiden, nahm Prometheus als tragischen Grundhelden nicht wahr oder wollte ihn mindestens nicht voll wahrnehmen."[5] Erst die Kirchenväter haben nach Bloch Prometheus als den Verneiner des Zeus geehrt, aber auch dadurch herabgesetzt, daß sie ihn vor dem neuen Herrn überflüssig werden ließen:

„Der wahre Prometheus", sagen Lactantius wie Tertullian, „ist Gott". Der Menschengott Prometheus stand den Kirchenvätern für gut gegen Zeus. Bis er allerdings seine Künste auch gegen den neuen Herrn weitertrieb, auch *gegen den Kirchen-Jahwe, nicht nur gegen den Zeus* ... Prometheus, der der Antike ein Halbgott geblieben war, wurde der Neuzeit ein desto volleres religiösatheistisches Symbol.[6]

Prometheus ist auch im Gnostizismus das Modell für den Verächter der Welt und „weltüberlegenen Pneumatiker", wie ihn Hans Jonas genannt hat.[7] Prometheus ist der Typus des wissenschaftlichen Romantikers und Gnostikers schlechthin.

Wenn Aischylos Prometheus, den Typus des Wissenschaftlers, schon zu Beginn der Geschichte des Wissens als einen Menschen zeichnet, der die Einsicht hat, daß das menschliche Wissen weniger kräftig als die Wirklichkeit ist,

sollte die sich verstärkende Einsicht in die Krisenanfällig-
keit und die Grenzen des menschlichen Wissens den modernen oder postmodernen Menschen nicht übermäßig
beunruhigen.

Die Krise des Szientismus geht allerdings tiefer, sie ist keine alltägliche Krise. Sie ist „die Krise" vor allem deshalb,
weil sie Krise der beiden großen wissenschaftlichen Weltbilder des 19. Jahrhunderts, des Darwinistischen Evolutionismus und des Dialektischen Materialismus, ist. Beide
Weltbilder können in der Gegenwart ihren Anspruch auf
Wissenschaftlichkeit nicht mehr ohne weiteres gegen den
vermeintlich „unwissenschaftlichen" Charakter der Entwürfe der spekulativen Philosophie geltend machen. Die
spekulative Philosophie des Denkens in Totalitätsfeldern
behauptet vielmehr nach und in der Krise des Szientismus
ihr Recht, einen rationalen Zugang zu einer Theorie der
Gesamtwirklichkeit zu bilden, der durch den Erfolg der
Einzelforschung der wissenschaftlichen Disziplinen nicht
überflüssig geworden oder gar widerlegt ist. Die Spekulation ist durch die Wissenschaften nicht erledigt, sondern nur
verdrängt worden. Sie taucht in den szientistischen Varianten der Wissenschaft als Krypto-Spekulation und Dogmatisie-
rung der Wissenschaft wieder auf, ohne über das Methoden-
bewußtsein und die (Selbst-)„Kritik der reinen Vernunft",
wie sie die spekulative Philosophie entwickelt hat, zu verfü-
gen. Spekulative Philosophie gewinnt daher in der Krise des
Szientismus eine neue Dringlichkeit.

Der Konflikt zwischen dem Szientismus und einer Weltsicht, in der die Wissenschaften und die Religion gemeinsam der Orientierung des Menschen dienen, ist in seiner
Tiefendimension letztlich ein Konflikt zwischen den verschiedenen Formen des szientistisch-mythologischen Gnostizismus und der christlichen, theologischen Gnosis. Es
stehen sich in der Gegenwart nicht die Wissenschaften und
der christliche Glaube gegenüber, sondern die Fronten ver-
laufen zwischen dem Bündnis aus einem spekulativ begrif-
fenen christlichen Glauben (christlicher Gnosis) und alltägli-
cher, weltbewältigender Wissenschaft einerseits und dem
Bündnis aus dem Mythos beziehungsweise mythologi-

schen Gnostizismus und der weltüberwältigenden, totalisierenden Wissenschaft, dem Szientismus, andererseits.

## 2. Über den Zusammenhang von Szientismus, Gnostizismus und Romantizismus

Die Entwicklung des Szientismus ist im 19. Jahrhundert unmittelbar mit der Romantik verbunden. Der Positivismus Auguste Comtes und sein Entwicklungsgesetz der Menschheit weisen eine große Nähe zu den romantischen Totalmythen wie Victor Hugos *La légende des siècles* und zur romantischen Geschichtsphilosophie Hegels auf. Totalität soll in Form des Systems, in Form der Meistergeschichten, die die Geschichtsphilosophie oder der romantisch-gnostische Mythos erzählt, dargestellt werden.

### a) Fiktionalisierung und Entleiblichung

Die Romantik der gegenwärtigen Wissenschaft besteht dagegen weniger in Totalentwürfen, sondern in den zahlreichen Geschichten, die erzählt, und Modellen, die konstruiert werden. Romantisch an der gegenwärtigen Wissenschaft sind die Phänomene der Hypothetisierung beziehungsweise Fiktionalisierung und Entleiblichung. Die Wissenschaft löst zunehmend den Anspruch auf Wahrheit in sehr bedingte und beschränkte Ansprüche auf Konsistenz und Kohärenz von Hypothesen und Modellen auf. Hypothetisierung und Fiktionalisierung sind Kennzeichen der gegenwärtigen Wissenschaft und zugleich Eigenschaften des romantischen Charakters. Die Wissenschaft der Modelle und Hypothesen führt zu einem Realitätsverhältnis, das die Wirklichkeit der Fiktion des Wissenschaftlers wirklicher sein läßt als die leibvermittelnden Beziehungen der Alltagswelt.

Die Orientierung an der Wissenschaft, am Modell hypothetischer, jederzeit widerrufbarer Existenz führt zu einem romantischen Okkasionalismus und zu jener „Umkehrung des Realen", von der Alfred Whitehead spricht. Wenn alle existentiellen Überzeugungen nur mehr als unabschließbare Hypothesen gelten und wenn die vorläufige Hypothese die einzige Form existentiellen Wahrheitsbezuges ist, wird der Perspektivismus beherrschend. Die Frage der Referenz wird unerheblich. Nicht mehr Theorien mit Wahrheitsansprüchen, sondern Modelle der individuellen Okkasion und Imagination des Forschers konkurrieren miteinander.

Die gegenwärtige Wissenschaft schwankt zwischen Ultrarealismus und Fiktionalität. Einerseits behauptet ein Teil der Wissenschaftler einen extremen Realismus, daß die Theorie die Angleichung an die Wirklichkeit sei, und folgt dem alten Anspruch der Referenzverschärfung durch Wissenschaft. Andererseits bedient sich die größere Gruppe der Wissenschaftler mehr und mehr der Simulation als Methode, wird ihre Wissenschaft zunehmend fiktional, künstlerisch und imaginativ. In der Naturwissenschaft findet eine „Entstofflichung" der Forschung statt, in der der Kontakt mit dem Stoff über hochdifferenzierte Meßinstrumente und nicht mehr über sinnlich erfahrbares Messen und Wiegen stattfindet.[8] Das Moment der Fiktion und Poiesis, des Erdenkens neuer Modelle und ihre imaginative Durchsetzung in der Gemeinschaft der Forscher spielt eine immer größere Rolle.

Das alte Unterscheidungsmerkmal der Wissenschaft gegenüber der Fiktion und Kunst war die Referenzverschärfung, der strengere Bezug zu dem, was ist. Zugelassen werden sollten nur Begriffe, die eine Referenz in der Wirklichkeit, ein existierendes Korrelat in der Sache haben. Durch das Vordringen konstruktivistischer Ansätze in der Wissenschaft zerfällt diese zunehmend in eine referenzverschärfte und eine poietische oder simulatorische Wissenschaft. Die eigentliche Provinz des schönen Scheins, der Fiktion und Simulation, die Kunst, antwortet auf diese Konkurrenz der Wissenschaft in ihrem eigenen Gebiet damit, daß sie den früher für die Wissenschaft charakteristischen Zug der Referenzverschärfung übernimmt. Sie macht die Nicht-Fiktionalität, die sinnliche Erfahrbarkeit des Stoffes und des Wachsens der Natur zu ihrer Aufgabe.

Wenn Joseph Beuys in seinen Aktionen die Qualität unmittelbar sinnlich und haptisch darstellt – etwa Fett für das Gleitende, Filz für das Warme-, führt er eine Referenzverschärfung nach Art der empirischen Wissenschaft in einer Umwelt durch, die zunehmend durch Simulation von Wirklichkeit in den Medien, durch Fiktionalität in der Konstruktion der sozialen Wirklichkeit und durch Entsinnlichung der Erfahrung bestimmt ist. Wissenschaft, Technik und Kunst wechseln ihre Stellen.[9] Die Computer produzieren Kunst, die Kunst kehrt empirisch zum Anfaßbaren und Sinnlichen zurück.

Simulation und Reversibilität sind Kennzeichen der technischen Entwicklung.[10] Wirklichkeit wird in der künstlichen Intelligenz simuliert und ist jederzeit reversibel. Gegen die Simulation macht die Kunst der Gegenwart das Irreversible, Einmalige geltend, das als sinnlich erfahrbares und gelungenes Werk die Aura des Einmaligen und Nicht-Simulierten hat. Nicht-Vervielfältigung wird in einem Zeitalter der Massenproduktion zu einem wesentlichen Wertmaßstab der Kunst.

Die Entwicklung von Teilen der Gegenwartskunst ist durch Versinnlichung des Fiktionalen und Imaginären, die der Gegenwartswissenschaft durch Fiktionalisierung des Empirischen und Konstruktiven gekennzeichnet. Die Konstruktionen einer experimentellen Wissenschaft werden immer weniger von der unmittelbar erfahrbaren Umwelt und den natürlichen Gegebenheiten bestimmt, weil die Simulierbarkeit des Stoffes im Kunststoff[11] und die technischen Möglichkeiten der Konstruktion von Experiment und Simulation eine größere Freiheit vom Stoff und von der Empirie erlauben. Der Stoff und die empirische Welt müssen bewußt und zum Teil gegen die fiktionalen Möglichkeiten der konstruktiven Freiheit des Forschers geltend gemacht werden.

Fiktionalisierung und Entleiblichung werfen das Problem der Selbstbeschränkung der Technik und Konstruktion der Wissenschaft vis-à-vis der Wirklichkeit auf. Da dem Wissenschaftler und Konstrukteur kaum mehr technisch-konstruktive Grenzen gegeben sind, sind der Verzicht auf fiktionale und simulatorische Romantik und die Rücknahme seiner romantisch-konstruktiven Macht ein Akt der Freiheit. Der Romantizismus des Modelle-Bauens und Welten-Fingierens muß sich freiwillig selbst beschränken.

b) Der gnostizistische und romantische Charakter des wissenschaftlichen Weltbildes

Der Prozeß der Hypothetisierung und romantischen Fiktionalisierung des menschlichen Selbst im wissenschaftlichen Weltbezug führt am Ende zum Verlust der Selbst-Wahrnehmung und zu Selbst-Entfremdung. Die wissenschaftliche Weltsicht der Neuzeit ist dualistisch-gnostizistisch. Das Selbst kann in der Wissenschaft nur noch als Geist in der Maschine begriffen werden, als ortloser Schatten.

Da der mythologische Gnostizismus im Gegensatz zur theologischen Gnosis Elemente der mythischen Fiktionalisierung und Simulation – etwa im Doketismus der Christologie: Christus tat so, als ob er litt, einen Leib hätte und so weiter[12] – enthält und Leibfeindlichkeit ein entscheidendes Charakteristikum des Gnostizismus ist, zeigt sich hier die Ähnlichkeit von Szientismus, Gnostizismus und Romantizismus. Auf die Tendenz der Romantik zur Gnosis hat schon Romano Guardini in einer Anmerkung hingewiesen.[13] Die Tendenz des Szientismus zum Romantischen und zum Gnostizismus zeigt sich heute.

Die Hypothetisierung der menschlichen Existenz, die Fiktionalisierung des Wirklichkeitsbezuges und die damit verbundene romantische Umkehrung der Stufen des Wirklichen führen im fiktionalistischen Szientismus zu Realitätsverlust: Die Menschen erreichen einen Grad an Ironie, bei dem sie jederzeit ebenso dieses wie jedes andere tun können. Der Simulation des Realen als Zugriffsweise zur Wirklichkeit entspricht als Existential des Menschen die Ironie. Wissenschaftliche Ironie der uneigentlichen Simulation ist das Pendant der gegenwärtigen szientistischen Zivilisation zur romantischen Ironie des 19. Jahrhunderts.

Der moderne Wissenschaftler gibt sich als romantischer Spieler mit Hypothesen zu schnell zufrieden. Das Ideal wissenschaftlicher Weltkonstruktion als Maxime humaner

Existenz, der Szientismus, ist eine besonders romantische Form von Romantizismus. Die schlechte Romantik, der Romantizismus, verachtet das Konkrete und Reale und stellt ihm seine okkasionellen Abstraktionen als das Wirkliche gegenüber. Die Wissenschaft ist romantisch in ihrer großartigen Vereinseitigung.

c) Die christliche Gnosis und die Entmythologisierung des Szientismus

Es geht bei der Kritik am Szientismus nicht um eine Förderung des Irrationalismus oder um einen Ableger der „Rückkehr zum Mythos". Die philosophisch-theologische Gnosis ist keine Form des Irrationalismus. Sie unterscheidet sich vom Objektivismus der positiven Wissenschaften durch die Überzeugung, daß das wahre Wissen dem menschlichen Selbst nicht äußerlich sein kann, sondern es in seinem Innersten ergreift und verändert. Voraussetzung dieser Erkenntnis ist, daß die menschliche und die göttliche Seele in ihrem Wesen nicht völlig verschieden und getrennt sind, sondern daß es eine gemeinsame Seelensubstanz gibt.

Gnosis ist ein zweideutiger Begriff. Er kann die mythologische Gnosis des 2. und 3. Jahrhunderts meinen, jene Gnosis, die sich als weltverneinende, synkretistische Mischung von Judentum, Christentum und Mythologie darstellt und die besser mit dem Begriff „Gnostizismus" benannt ist. Philosophische Gnosis dagegen bedeutet den Versuch, den Inhalt der biblischen Religion im Denken zur Darstellung zu bringen und Glauben und Erkennen zu vermitteln. Die beiden Formen der Gnosis müssen als Gnostizismus und philosophisch-theologische Gnosis unterschieden werden.[14]

Gnosis entfaltet sich als christliche Gnosis und als jüdische Kabbala. Beiden Formen geht es um Weisheit. Weisheit setzt, im Unterschied zu bloßem Beherrschungswissen, eine gewisse Gleichheit des Erkennenden mit dem Erkannten, eine Angleichung an den Gegenstand der Erkenntnis voraus. Wenn die wahre Gnosis daher auf Erkenntnis Gottes und des Menschen zielt, macht sie eine grundsätzliche Voraussetzung, die der mythologische Gnostizismus und der gnostisierende Wissenschaftspositivismus ablehnen: Wahre Gnosis setzt voraus, daß in der Welt Weisheit ist, weil die Welt in der Weisheit geschaffen ist. Wesentliche Erkenntnis von der Welt ist überhaupt nur möglich, weil das Erkennen die Wesensgehalte, welche die Ideen der göttlichen Weisheit in der Welt repräsentieren, wiederzuerkennen vermag. Die Weisheit, die „Sophia" und „Einwohnung", ist zugleich bei Gott und bei den Menschen.

In der theologischen Gnosis wird der Sündenfall des Menschen darin gesehen, daß der erste Mensch den Baum der Erkenntnis vom Baum des Lebens getrennt hat. Das Bild mag mythisch sein, seine Aussage ist es nicht. Die Tragik des Szientismus besteht nicht im Zuviel-wissen-Wollen, sondern in der Abtrennung des Wissens vom Baum des Lebens, im Gegen-die-Weisheit-wissen-Wollen.

Es vollzieht sich heute eine zweite Entmythologisierung, eine Entmythologisierung des Szientismus. Mit ihr werden die Grenzen zwischen Glauben, Wissen und Mythos schärfer erkennbar. Einiges, was entmythologisiert wurde, wie etwa der Gottesbegriff, zeigt sich heute als gar nicht mythologisch; anderes, was als wissenschaftlich galt, wie der „wissenschaftliche Materialismus", zeigt sich heute selbst als Mythologie.

d) „Szientifische Illusionen"

Franz von Baader schreibt 1841, daß „der Teufel den Menschen in scientivischen Illusionen" halte.[15] Wenn man die Annahme der Existenz einer Gegenmacht für plausibel hält und unterstellt, daß diese den Menschen in Illusionen über die Wirklichkeit Gottes halten will, ist der Schluß gerechtfertigt, daß die szientistischen Illusionen die wirkungsvollsten sind. Der Szientismus ist der umfassendste, rationalste und daher überzeugendste Totalmythos. Mit dem Gnostizismus und Romantizismus teilt er den Glauben an die absolute Schöpfer- und Erkenntnismacht des Menschen, den Glauben daran, daß das menschliche Erkennen der Welt die Weise ihres In-Erscheinung-Tretens im Erkennen vorschreibe.

Romantisch und gnostizistisch am Szientismus ist auch

die Überzeugung von der Autonomie des Erkennens, vom poietischen und fiktionalen Charakter des wissenschaftlichen Erkennens. Der Mensch schafft autonom Erkenntnis und ist autonom in der Erkenntnis, er nimmt nicht die Erkennbarkeit der Welt auf und erleidet nicht die Gehalte, die in der Welt bereits sind. Wie jedes gnostische System hängt allerdings auch der Szientismus als ganzes System „in der Luft". Er ist eine mögliche Welt, ein Modell, eine Simulation, bei der unsicher ist, ob sie die eine wirkliche Welt erreicht.

Die sich selbst begründenden gnostischen und szientistischen Systeme sind romantische Okkasionen, Gelegenheiten, bei denen der romantische Pneumatiker seine Weltüberlegenheit zeigt. Aber das Absolute, wie es diese Systeme zeichnen, hat einen Mangel: Es verdankt seine Absolutheit dem poietischen Denken des Systembauers. Mit dem Schwinden seiner Imagination verblaßt auch das Bild, das er vom Absoluten gezeichnet hat. Den Mangel des Fiktionalen und Leiblosen wird der Begriff des Absoluten in den Systemen des Gnostizismus nie mehr los.

### e) Ernst Bloch und Franz von Baader

Ernst Bloch ist einer der wenigen Philosophen, die die Bedeutung der Tradition der theosophischen Gnosis und in dieser Tradition die zentrale Rolle Franz von Baaders erkannt haben. Bloch hat auch die Bedeutung dieser Denktradition für die Anthropologie und die Theorie der Gesamtwirklichkeit klar gesehen. Bloch hat das modernitätskritische Potential der Baaderschen Philosophie gespürt, auch wenn er ihn als einen in seinem Sinn „utopischen" Denker umgedeutet hat. An Baader rühmt Bloch, daß er – im Gegensatz zur modernen Naturwissenschaft – die Notwendigkeit eines humanisierten Naturbezuges[16] erkannt und an der Sonderstellung der Erde im Kosmos festgehalten habe.[17] Baader erweckt nach Bloch in seiner Philosophie auch den „Geist der Utopie", insofern er „den alten Träumen den wahrhaft biblischen eines Plus ultra *der Zeit* hinzufüge".[18] Schließlich hat Baader nach Bloch auch gesehen, daß das Jenseits und die zukünftige Welt nicht als ein fertig

Gegebenes, sondern als ein Aufgegebenes begriffen werden müssen und daß der Mensch ihr Erbauer sei.[19]

In seinem Materialismus-Buch preist Bloch Baaders hochspekulativen Gedanken der Materie:

Was nun folgt, ist so noch nie in eines Menschen Kopf gewesen. Anfänge davon sind nur um 1800 bei St. Martin, dem französischen Magus, der ja deshalb auch *le philosophe inconnu* heißt, kamen aber über den Einfall nicht hinaus. Und das Seltsame betrifft gerade die *Materie*: Baader hat sie mit einem neuen, in ihrer ganzen langen Geschichte ungehörten Begriff bedacht. Der Begriff ist mythologisch von oben bis unten, indes schon deshalb bemerkenswert, weil hier zum ersten Mal, in Baaders Zubereitung, die Materie dem Idealismus keine – Verlegenheit ist. Freilich um den Preis, daß Himmel und Hölle in Bewegung gesetzt wurden, um die Materie sozusagen evident zu machen, um sie zu konstruieren. Nicht mehr aus lauter Mathematik wie bei Kant, sondern, mit völlig bizarrem „Axiom": aus Gottes Mitleid mit dem gefallenen Menschen. (...)

Das rational Unableitbare der Materie soll nun aus dem Sündenfall kommen, und an die Stelle eines göttlichen Figurentönens in der Stoffwelt tritt nun eine die Schlange bannende, rein erbarmungsreiche „Hylosophie". Doch bevor solches entwickelt werde, ist eine Erinnerung fällig an die *kabbalistische* Lehre von der Materie, im Buch Sohar; denn Baaders Lehre baut ihr Neues auf diesem phantastischen Grund. Erst durch die Schlange, erzählt die Kabbala, kam der Stoff in die Welt, erst nach ihrem Fall wurden die ersten Menschen mit Häuten, also dem Leib bekleidet. Auf diesem Leib aber liegt außerdem die Unreinlichkeit (Tuman), welche nichts anderes als der Giftstoff ist, den die Schlange auf das Weib geschleudert hat. Ja die ganze Welt mit ihren Lüsten ist in die Haut der Schlange eingekleidet, sogar die menschliche Seele und der Geist; vermöge dieses Schlangengewands, das der Mensch mit zur Welt bringt, hat der Satan einen beständigen Griff oder Anhang an den Menschen. Andererseits sprechen die Kabbalisten von mehreren anderen Welten, welche der gegenwärtigen vorausgegangen, aber wieder untergegangen, weil der Mensch darin noch nicht vorgekommen sei. Ursache des Untergangs der letzten vorigen Welt ist der Aufruhr der Engel, jetzt erst wurde der Mensch geschaffen, als einzig gottebenbildliches Wesen, die Ruinen der eingestürzten Welt wurden der Ort der bösen Geister. Derart interpretiert der Sohar die Bibelstelle von den sieben edomitischen Königen, die vor den Königen Israels regiert haben und gestorben sind, aber nicht total vernichtet: sie sanken vielmehr unters Joch der Materie. Die Könige Edoms

(Edom steht allemal als der Gegner Israels) wurden in die Räume der eingestürzten „Schalenwelt" als in ihren Körper eingeschlossen; in die Finsternis
des völlig erloschenen Lichts oder des Nichts-als-Materie unterhalb der materiellen Natur. Baader nun – mit dem Satz: „Nicht bloß das Heil, auch die
Wissenschaft kommt von den Juden" – hat die Materie mit dieser mythologischen Abart jüdischer Wissenschaft in eine dritte Beziehung gesetzt, jenseits der Unreinlichkeit und des Ruinenreichs. Das Stichwort gab St. Martin
mit dem Satz: *„La matière fut créée afin que le mal ne puisse prendre nature"*; jedoch
völlig einzigartig ist Baaders Ausführung. Er entwickelt des Genaueren folgende Hylosophie: Der gefallene Mensch wäre unendlich abwärts gefallen,
wenn sein Sturz durch Hilfe von oben nicht aufgehalten worden wäre. Aber
so erging Gnade vor Recht und zwar durch das Zeitlich-Räumlich-Werden,
das ist Materiellwerden der Welt.[20]

Bloch kannte die Berührungen und Differenzen von christlicher Gnosis, jüdischer Kabbala und häretischem Gnostizismus.


## 3. Der Gnostizismus der Moderne

Hans Blumenberg hat die Neuzeit als die letzte und endgültige Überwindung der Gnosis und ihrer vermeintlichen
Weltablehnung bezeichnet.[21] Die Moderne habe die Weltbejahung und Weltbewältigung an die Stelle der Weltablehnung und Weltflucht des Mittelalters gesetzt. Diese Interpretation ist nur zutreffend, wenn man Gnosis als Weltablehnung und metaphysischen Dualismus definiert, sie also mit dem Gnostizismus gleichsetzt. Die Definition jeder
Gnosis als Haltung des Welthasses ist jedoch unzutreffend.
   Die christliche Gnosis ist nicht weltablehnend, sondern in
hohem Maße weltbejahend. Die Annahme, daß der gegenwärtige Zustand der Schöpfung nicht der ursprüngliche und
unverletzte ist, sieht hinter dem gegenwärtigen einen voll-
kommeneren und eigentlichen Zustand der Welt. Die Welt
wird dadurch zugleich relativiert und bejaht. Sie wird relativiert, weil sie als Defizienzzustand ihres eigentlichen Poten-
tials angesehen wird, sie wird bejaht, weil hinter der Defi-
zienz die eigentliche Idee der Wirklichkeit sichtbar wird.

103

Für den Gnostizismus ist dagegen die Welt von Anfang an das verfehlte Machwerk eines inkompetenten Baumeisters oder Demiurgen, sie ist das stählerne Gehäuse der *heimarmene*, der Vorsehung, aus dem es kein Entrinnen gibt. Nur hinter diesem Gehäuse und jenseits des Panzers der Heimarmene wird für den Gnostizismus der unbekannte und fremde Gott, der Erlöser, sichtbar. Wie dieser fremde Gott im Herrschaftsbereich der Heimarmene wirken und gar erlösen kann, bleibt freilich spekulativ unerklärlich.

Das Weltbild der Moderne ist ein Gnostizismus ohne Transzendenz und Erlösung. Wer erlöst werden muß, soll aussterben, sagt Nietzsche und spricht damit exemplarisch das Denken des 19. Jahrhundert aus.[22] Die Kennzeichnung der Moderne als Gnostizismus ohne Transzendenz trifft auch für die idealistische Variante des modernen Denkens, für den Geistmonismus Hegels zu.[23]

### a) Der doppelte Panzer der Moderne

Die Neuzeit ist die Bestreitung des Wahrheitsanspruchs der christlichen Gnosis, sie ist aber nicht die Überwindung des Gnostizismus. Sie ist Transformation des Gnostizismus in einen Gnostizismus ohne fremden Gott, in eine Heimarmene ohne Pleroma, und sie ist Inversion der gnostizistischen Weltverachtung in Weltvergottung. Im Ergebnis kommen gnostizistische Weltverachtung für die Heimarmene und neuzeitliche Vergottung der Wirklichkeit in einem überein: Der Mensch kann mit der Welt machen, was er will, weil die Welt von sich her keine Wertgehalte besitzt, die in ihrer Werthaftigkeit vom Menschen unabhängig wären. Wenn das, was sich historisch realisiert, das Notwendige ist, wenn das Wirkliche das Vernünftige ist, gibt es keine wirksame Differenz zwischen Sein und Sollen, Realität und Idee mehr. Die Welt wird dann für den Menschen total verfügbar.

Die vollständige Welt- und Wirklichkeitsbejahung schlägt um in dieselbe Autonomie des Menschen gegenüber der Schöpfung, wie sie durch seine Weltverachtung auch der Gnostizismus erzeugt. Der Fremde des Gnostizismus geht gleichgültig durch den Panzer der Welt wie ein Gast durch ein schlechtes Hotel, sagt Valentinus, weil er weiß, daß er bald wieder abreisen wird. Der Mensch der Moderne sieht in der Welt nur das Material seiner schöpferischen Tat, ein Material, mit dem er machen kann, was er will. Das moderne Wirklichkeitsverständnis kulminiert in der Technik: die Naturgesetze sind der Stoff, aus dem der Techniker autonom das Neue und für ihn Nützliche erzeugt. Er läßt als Demiurg die Werke der Technik erscheinen. Was erscheint, ist das, was wirklich und wahr geworden ist. Für die technizistische Weltsicht gibt es keine Differenz von Wesen und Erscheinung, Verwirklichung der Entelechie eines Wesens und bloßem Aufscheinen einer neuen technischen Lösung. Was als technisches Werk auf der historischen Bühne erscheint und sich durchsetzt, ist für das technizistische Weltbild auch das Wirkliche und Vernünftige.

b) Die Angst des Demiurgen „Mensch"

Die totale Weltbejahung des technischen Zeitalters flößt jedoch dort Angst ein, wo das Werk größer und mächtiger zu werden droht als sein Werkmeister. Weltbejahung und Weltvergottung schlagen in Überwältigtsein durch die Welt um. Das Selbst des menschlichen Werkmeisters ängstigt sich, wenn es in der von seiner Technik und seinen Werken geprägten Umwelt niederschaut in seine eigenen Möglichkeiten und in die seiner eigenen Werke.

Die Angst als Folge des Überwältigtseins durch die eigenen Werke hat bereits der Gnostiker Valentinus im ersten Jahrhundert ausgesprochen. Er sagt:

Wie die Werkmeister (die Demiurgen bei der Weltschöpfung) Furcht befiel bei jenem Gebilde (dem Menschen), das Größeres von sich gab als die Bildung rechtfertigte, wegen des, der unsichtbar Samen der oberen Weisheit dahineingelegt hatte, und (das) frei aussprach, so sind auch bei den Menschengeschlechtern, die zur Welt gehören, die Menschenwerke Gegenstand der Furcht denen, die sie verfertigten, wie etwa Standbilder, Bilder und alles, was Hände ... herstellen.[24]

Nach dem Gnostiker Valentinus befiel die Demiurgen, als sie den Menschen bildeten, Angst, weil im Menschen plötzlich ein Samen und eine Kraft waren, die nicht von ihnen, sondern von der Weisheit des Pleroma und des Himmels stammten. So befällt auch die modernen menschlichen Werkmeister Angst vor ihren Werken, die mächtiger werden als ihre Erschaffer, weil auch in den Werken der Menschen eine Kraft sich ausdrückt, die nicht nur von den menschlichen Werkmeistern stammt.

Die Furcht des Demiurgen der Neuzeit, des modernen Menschen, ist jedoch nicht Furcht vor dem fremden Gott, sondern vor den eigenen Werken, ist Beängstigung durch die eigenen Möglichkeiten und die eigene Autonomie, alles so, aber auch ganz anders machen zu können. Die Angst stellt sich, im Gegensatz zur Furcht, nach Heidegger ein, wenn es kein Objekt der Furcht gibt, sondern nur Angst ohne Gegenstand der Beängstigung sich spürbar macht. Der Demiurg des Gnostizismus hat Furcht vor der oberen Weisheit, der Demiurg der Moderne hat Angst vor sich selbst und seinen Werken.

Die Moderne hat sich übernommen, weil sie Gnostizismus ohne Pleroma, Weltverachtung ohne Vision schon anwesender Vollendung ist. Das einzige ganz Andere, das sie außer dem stählernen Gehäuse der Welt kennt, ist die Utopie. Aber die Utopien der Moderne sind enttäuscht worden. Sie haben nicht das ganz Andere gebracht.

Die Gegenwart ist durch das Ende der innerweltlichen Utopie bestimmt. Die marxistische Utopie zieht nicht mehr die geistigen und emotionalen Energien auf sich, weil die Utopie der Sicherung gegen Not im Sozialstaat der Gegenwart eingelöst worden ist, aber mit der Verwirklichung dieser Utopie nicht das erhoffte paradiesische Reich der Freiheit und des Überflusses gekommen ist, sondern eine Trivialisierung der utopischen Hoffnung. Was man erreichen wollte, ist in gewisser Weise verwirklicht, aber es ist nicht so großartig ausgefallen, wie man es sich erhofft hatte. Entfremdungsgefühle gegenüber der Gesellschaft bestehen auch in der realisierten Utopie fort.

Die Moderne ist durch einen Gnostizismus ohne Pleroma, durch einen materialistischen oder idealistischen Monismus gekennzeichnet, in dem der Mensch selbst die Stelle

Gottes, die Stelle des Schöpfers eingenommen hat, der in der Welt nur noch das Material seiner Autonomie erkennt. Dieser Gnostizismus ohne Pleroma ist mit dem antiken Gnostizismus verwandt, aber nicht identisch.

c) Mitwirkung an der Schöpfung statt Autonomie der Naturbeherrschung

Die Kritik des Gnostizismus der Moderne kann nicht von der Wissenschaft erwartet werden, die selbst im modernen Sinne gnostizistisch und dualistisch ist. Eine postmoderne Kritik der Moderne, die mehr ist als affirmative Modernisierung der Moderne oder Aufklärung über Aufklärung, ist nur von der christlichen Gnosis und Theosophie zu erwarten. Die wahre Gnosis wird die gnostizistische Trennung von Gott und Welt, Pleroma und Heimarmene und die Annahme einer pneumatischen Autonomie des Menschen, wie sie Gnostizismus und Moderne vertreten haben, ablehnen. Mit dem Gnostizismus und gegen die Moderne wird sie jedoch die Überweltlichkeit und Göttlichkeit des menschlichen Pneuma, des menschlichen Personzentrums vertreten.

Das mittelalterliche Weltbild hatte den Menschen nur als Nachahmer Gottes gesehen und *unter*schätzt, die Moderne hat den Menschen für einen Demiurgen gehalten und als Alleinschöpfer *über*schätzt. Die Postmoderne wird – im Anschluß an die wahre christliche Gnosis – den Menschen als Mitwirker Gottes sehen. Der Mensch ist als Mittelwesen zwischen Gott und der Natur und als Zentralgeschöpf der Schöpfung zur Mitwirkung an der Schöpfung berufen.

Die Theorie der kabbalistischen Theosophie und der nichthäretischen christlichen Gnosis stehen in der Mitte zwischen dem modernistisch-prometheischen Utopismus totaler Weltbemächtigung durch den Menschen und einer vollständig immanentisierten Eschatologie einerseits und der gänzlich transzendenten Eschatologie der prädestinationstheoretischen Ansätze, die es im Christentum gegeben hat, andererseits.

Mit Baader ist die Eschatologie zugleich Gnade *und* dem

Menschen aufgegeben, in einem *concursus divinus* wirken Gott und Mensch zusammen.

Mitwirkung an der Schöpfung ist keine Aufgabe, in der der Mensch autonom wäre und für welche die Welt nur das Material der menschlichen Selbstverwirklichung darstellte. Sie ist eine Aufgabe zugleich der schöpferischen Freiheit wie der Wesenverwirklichung des Menschen. Mitwirkung an der Schöpfung ist auch nicht ein bloßes Genießen des göttlichen Selbst, wie es als Gefahr im Gnostizismus immer anwesend ist. Mitwirkung an der Schöpfung beinhaltet zugleich einen sozialen Gestaltungsauftrag.

Die Differenz zwischen der christlichen Gnosis einerseits und dem Gnostizismus und Szientismus andererseits besteht in der Anerkennung der Würde der Erde und des Auftrages an den Menschen, an der Schöpfung mitzuwirken. Der Mensch ist als Erkennender nicht ein Manipulateur der Dinge, sondern ein die Dinge zu ihrem vollendeten Sein Versammelnder, seine Erkenntniskraft ist Teil der Schöpferkraft und Mitwirkung am Schöpfungswerk Gottes.

# 5. Kapitel
## Die Postmodernität der Weisheitstradition

Als Weisheitstradition, auch Theosophie oder theologische Gnosis, hat jene Tradition zu gelten, die mit Pythagoras und seinen Anhängern in Griechenland und mit dem Buch der Weisheit im Judentum anhebt, im Hermetismus und in der alexandrinischen Gnosis des Clemens und Origenes ihre Fortsetzung findet, im Gnostizismus des Valentinianismus und der antikosmistischen Sekten wie der Barbelognosis u.a. ihr Vexierbild erfährt und über Jakob Böhme, Johann Georg Gichtel, Friedrich Christoph Oetinger und Louis-Claude de Saint-Martin zu Franz von Baader und Wladimir Solowjew führt.[1] Die Weisheitstradition bildet eine Brücke zwischen dem Christentum und dem Judentum, wenn sie auch als christliche oder jüdische Gnosis ihre je eigentümliche Ausgestaltung gefunden hat.

### 1. Fortschreiten im Bewußtsein der Weisheit

Saint-Martin schreibt 1782, daß so, wie der einzelne Mensch nicht nur im Wissen, sondern auch in der Weisheit voranschreiten muß, auch der *homme-général*, die Menschheit, in der Geschichte sich nicht nur durch Wissenschaft, sondern auch durch Weisheit emporentwickeln müsse.[2] Saint-Martin nimmt hier zunächst den Topos der Weisheitslehre auf, daß das Wachstum der Weisheit im Menschen den Rückgang der physischen und analytisch-intellektuellen Fähigkeiten im Lebenszyklus kompensieren kann und muß. Der Weise tut darum nach der Weisheitstradition gut daran, im Verlauf seines Lebens zu einer gewissen Gleichverteilung der Genußfähigkeit dadurch zu kommen, daß er in der Jugend Weisheit erwirbt, um sie im Alter nutzen zu können (ein Argument, das auch Epikur dafür anführt, Philosophie zu treiben). Weisheit ist zu erwerben, um sie als Kapital im Alter, wenn die wissenschaftlichen und körperlichen Kräfte nachlassen, zur Verfügung zu haben. Weisheit ist eine besondere Form geistigen Kapitals, weil der Genuß der Zinsen des „Weisheitskapitals" nicht der vom Lebenszyklus des Menschen bedingten Rückbildung der Genuß- und Nutzungsfähigkeit unterworfen ist.

Der Erwerb von Weisheit setzt eine Präferenz für zukünftigen Nutzen der Weisheit und die Bereitschaft voraus, Weisheitskapital in einer Lebensphase zu bilden, in der andere, unmittelbarere Nutzungsmöglichkeiten dem Menschen gegeben sind. Die „Weisheitsliebe" ist daher stets auch ein ethisches Phänomen. Weisheitserwerb bedeutet wie jede Kapitalbildung Transzendenz von Unmittelbarkeit und Subjektivität. Im Gegensatz zur Bildung von wissenschaftlichem Kapital erfordert Weisheit jedoch einen längeren Zeithorizont und verstärktes Wartenkönnen. Auch ihre Nutzungsintention ist eine andere. Da mit Adam Smith das Wartenkönnen der Anfang des Ethischen und das Prinzip der Kapitalbildung ist,[3] enthalten die Forderung nach Weisheit und die Bereitschaft, zu warten, stets ein ethisches Element. Die Bereitschaft, Weisheit zu erwerben, erfordert die Einsicht in die mißliche Lage des Menschen, der altert und sterben muß, und sie setzt die Antizipation dieser Zukunft des Individuums voraus. Die Weisheit erkennt die Unentrinnbarkeit des Todes und empfiehlt sich zugleich in der Erkenntnis dieser Situation des Menschen als Mittel der Kompensation des Nachlassens der physischen Kräfte, obgleich sie weiß, daß dieses Mittel vom Tode her gesehen wiederum vergeblich ist und nur durch eine nochmalige Erweiterung des Zeithorizontes über die Todesgrenze hinaus in religiöser Perspektive seine Vernünftigkeit zu beweisen vermag. Aus der Einsicht in den innerweltlich letztlich vergeblichen Versuch, den physischen Lebenszyklus durch Weisheit zu kompensieren, leitet sich eine der Ursachen für den auffälligen Pessimismus und den Zweifel an der Erkenntnis in der Weisheitstradition ab.[4]

Saint-Martin erweitert die Forderung, Weisheit zu erwerben, auf die ganze Menschheit. Diese dürfe nicht nur in den Wissenschaften, sondern müsse auch in der Weisheit voranschreiten. Saint-Martin nimmt hier die Forderung der zu ihm zeitgenössischen Aufklärung nach Fortschritt in der Wissenschaft auf und transzendiert sie zugleich zu jener Form von Aufklärung, die die religiöse Illumination und Gnosis der Weisheitstradition fordern. Die Menschheit kann, so die Forderung des Illuminismus, nicht nur in der Wissenschaft der Natur- und Menschenbeherrschung voranschreiten, sondern muß zugleich darin voranschreiten, jenes Verhältnis zu sich und zur Natur zu gewinnen, das mit „Weisheit" umschrieben ist. „Andernfalls werden", so Saint-Martin, „die letzten Menschen, wie der einzelne vor dem Tod in ihrem Rückblick auf die Jahrhunderte der Menschheit den schrecklichen Mißbrauch erkennen, den die Menschen der Zeiten mit den Wohltaten der Erde getrieben haben."[5] Wahre Aufklärung besteht nach Saint-Martin darin, das Beherrschungsinteresse des Wissens durch Weisheit zu regulieren und in ein pflegendes Verhältnis zum Objekt des Wissens zu verwandeln. Schreitet die Menschheit nur in der Wissenschaft, nicht aber auch in der Weisheit voran, werden die Menschen, wenn sie auf den langen Weg ihrer Entwicklung zurückblicken, in der von ihnen geprägten Welt nur die Trümmer und den Abfall der durch Wissenschaft und Technik ermöglichten Naturbeherrschung erkennen.

Diese illuministische Kritik an der Aufklärung, die nicht am postmodernen Ende der Aufklärung, sondern in der Morgenröte ihrer Bemühungen geäußert wurde, ist heute noch bedeutsamer als in den Zeiten ihrer Entstehung, auch wenn sie vielleicht auf ebensolche Widerstände stößt wie zu Saint-Martins Zeiten. Saint-Martin war der Überzeugung, daß die Weisheit das Ziel und die Vollendung jeder Wissenschaft ist,[6] er war sich aber auch im klaren, daß die Forderung nach Weisheit gerade in den Wissenschaften Verweigerungen hervorrufen kann, weil Weisheit als Ziel der Wissenschaft mehr Vorsicht und Überlegung von uns verlangt und ihre Methoden weniger leicht zu begreifen und weniger „durchsichtig" sind als die des „Herrschaftswissens".

Worin kann nach der Weisheitstradition ein Fortschreiten der Menschheit in der Weisheit bestehen? Zunächst muß innerhalb der Weisheitstradition zwischen Theosophie beziehungsweise theologischer Gnosis und Gnostizismus unterschieden werden. Beide Theorietraditionen zielen auf die göttliche Weisheit, unterscheiden sich jedoch wesentlich in ihrer Fassung der göttlichen Weisheit und in ihrem Verhältnis zur Welt. Zunächst zur Rolle der Weisheit in der Theosophie.

Die Theosophie kann geradezu definiert werden als die Wissenschaft von der Weisheit Gottes.[7] Das Ziel der Theosophie ist es, die Welt als Schöpfung und Haus der Weisheit Gottes zu erkennen. Sie schließt an das Alte Testament an: „Die Weisheit hat ihr Haus gebaut, hat ihre sieben Säulen aufgestellt."[8] Die Welt ist Schöpfung Gottes in der Weisheit und die Weisheit wohnt als Weltseele und Idee der Menschheit *in* der Welt. Sie ist die Einwohnung Gottes (Schechina) in der Welt. In der zentralen Stellung der Weisheit Gottes in ihren Theorien stimmen die christliche und jüdische Theosophie oder Gnosis überein. Aus der Annahme, daß die Welt Schöpfung in der Weisheit ist und durch die Weisheit Gottes erhalten wird, folgt für beide, daß Natur und Leiblichkeit nicht bloße Objektivität und Materialität sind, sondern in sich bereits die Dimension der Innerlichkeit besitzen. Nicht nur der Mensch ist Innerlichkeit oder, wie Hegel annahm, sogar absolute Innerlichkeit, sondern auch die Natur weist Innerlichkeit auf, ist nicht bloße *res extensa* oder bloßes Zuhandensein für den Menschen. Man muß nicht so weit gehen wie Oetinger und sagen, die Weisheit sei sichtbar,[9] aber man muß nach der theosophischen Gnosis erkennen: im Sichtbaren und Leiblichen ist Weisheit. Die Natur besitzt als Wirkung der schöpferischen Weisheit eine innere Ordnung und daher auch eine Sensibilität, die von der Weisheit stammt und die der Mensch nur übersehen kann, wenn er eben keine Weisheit hat.

Zwischen der jüdischen und der christlichen Weisheitslehre ergibt sich eine gewisse Spannung durch das Problem, wie das Verhältnis der Weisheit oder Sophia zum Logos, zu Christus, zu denken ist. Für die christliche theosophische Tradition, etwa Jakob Böhme, Johann Georg Gichtel oder Wladimir Solowjew,[10] wird die Sophia zur vierten Hypostase. Sie ist die Idee Gottes, die Vision der Schöpfung und zugleich der Spiegel Gottes, in dem die Schöpfung vor ihrer „Produktion", vor ihrem Geschaffenwerden, als Entwurf von der Trinität gesehen wurde.

In einer spekulativ weiter ausgearbeiteten Weise sucht Franz von Baader das Verhältnis der Sophia zum schöpferischen Logos zu klären und damit auch die christliche Tradition, in der Christus als Logos-Sophia erscheint, mit der jüdischen Tradition der Sophia als Weisheit Gottes zu harmonisieren. Die Tradition unterscheidet nach Baader den *Logos enthetos*, das eingeborene Wort beziehungsweise den einziggeborenen Sohn, und den *Logos ekthetos* beziehungsweise *prophorikos*, das in die Schöpfung ausgehende Wort. Die Sophia ist das ausgesprochene Wort, das sich von dem aussprechenden Wort abtrennt, um in die Schöpfung einzugehen. Die Einheit und Unterschiedenheit von schöpferischer Weisheit und schaffendem Wort, Sophia und Logos, folgt nach Baader dem „Gesetz der Duplierung des zum Vorschein Kommenden".[11] In jedem Werk verdoppelt sich die Idee, indem sich das Ausgesprochene vom Aussprechenden ablöst. Die verwirklichte Idee trennt sich von demjenigen, der sie hervorbrachte.

So wie beim Künstler die Idee sowohl in ihm bleibt als auch nach der Vollendung seines Werkes in dieses übergegangen ist und sich von ihrem Ursprung abgelöst hat, so trennt sich die göttliche Weisheit oder Idee von ihrem „Erdenker" und ursprünglichen Träger, dem Schöpferwort beziehungsweise der göttlichen Trinität. Die Idee ist als in der Sache verwirklichte Idee abgetrennt vom Erdenker dieser Idee und ihrem Sein in ihm. Als zeitfreier Gedanke bleibt sie zugleich in ihrem Schöpfer wie in der äußeren Sache. Die Sophia als Schöpfungsidee und Weltseele ist zugleich unterschieden von ihrem „Erdenker", dem Logos in der göttlichen Trinität, wie mit ihm und der gesamten Trinität unauflöslich verbunden.

Auch die jüdische Theosophie unterscheidet zwischen der oberen Weisheit beziehungsweise oberen Mutter in der oberen intelligiblen Welt und der unteren Weisheit beziehungsweise unteren Mutter in der unteren sichtbaren Welt.[12] Allerdings besteht hier die Tendenz oder Gefahr, zu einer Zwei-Welten-Theorie von Himmel und Erde zu gelangen, in der die obere Weisheit ihr „oberes" Haus der Ideen und die untere Weisheit ihr „unteres" Haus der materiellen Wirklichkeit und Natur erbaut. Eine solche Zwei-Welten-Theorie birgt gewisse Probleme, weil sie zu einer Zerreißung der Wirklichkeit führen kann, obgleich Wissenschafts-theoretiker wie J. C. Eccles und K. Popper heute vertreten, daß es sogar *drei* Welten in der Wirklichkeit gibt, so daß diese Tradition auch wieder nicht so weit entfernt ist vom wissenschaftli-chen Denken, wie es zunächst scheint. Die Spekulation über die untere und obere Weisheit ist mit der christlichen Sophiologie und Christologie deshalb nicht so leicht zu vereinigen, weil der Logos christlich gesehen nicht die Seele der oberen geistigen Welt, sondern Schöpfungspotenz *in* der Gottheit ist. Als Schöp-fungswort steht der Logos sowohl über dem *mundus sensibilis* als auch über dem *mundus intelligibilis*, weil er *beide* hervorbringt.

## 3. Die Leiden der Sophia

Wenn die Weisheitstradition annimmt, daß die Schöpfung das Haus der Weisheit ist, so erhebt sich unmittelbar der schwerwiegende Einwand, daß die Wirklichkeit der Welt der schöpferischen Weisheit nicht in allem entspricht, der Weisheit auch unabhängig vom Wirken des Menschen nicht in allem genügt, sondern durch Mängel, Leiden und Tod gekennzeichnet ist. Insbesondere der individuelle Tod des Menschen ist ein Einwand gegen eine unvermittelte Theodizee, gegen die Aussage, daß die Welt Bild der göttli-chen Weisheit und damit, wie Leibniz meint, die beste aller möglichen sei. Die Welt steht nicht in Übereinstimmung mit ihrer Idee, mit der Weisheit. Sie ist versetzt oder ge-brochen, weil ihr Zustand nach der Weisheitstradition Re-sultat eines Abfalles ist. Die Natur und der Mensch sind nicht *res integra*, sondern infolge des Sündenfalles versetzt und gebrochen. Die Weisheit als Weltseele und Idee der Menschheit ist von dieser Versetzung der Erde mit betroffen und leidet mit ihr. Die Leiden der Weisheit sind ein zentraler Gedanke der Weisheitstradition.

Besonders in der jüdischen Theosophie ist die leidende Weisheit zentraler Theoriebestandteil: das Leiden und Exil der Menschheit in der gefallenen Welt ist zugleich Leiden und Exil der der Menschheit und Natur einwohnenden göttlichen Weisheit (Schechina). Das Exil der Menschheit und göttlichen Weisheit in der Welt wird nach der lurianischen Theosophie[13] exemplarisch, aber nicht ausschließlich sichtbar am Exil Israels. Das Exil der Menschheit und Israels ist zugleich Exil der Schechina, der göttlichen Weisheit als Idee der Menschheit. Der Sturz und die Leiden des Menschen und der Natur sind zugleich Leiden der Weisheit. Die Weisheit leidet mit dem Menschen, ihr Leiden ist Mitleiden an dem durch den Menschen verursachten Fall und der Störung der Welt.

An dieser zentralen Stelle, in der Theorie des Sündenfalles und des Leidens der Weisheit, unterscheidet sich nun der halbmythologische Gnostizismus, in dessen Systemen ebenfalls das Leiden der Sophia im Mittelpunkt steht, von der theologischen Gnosis beziehungsweise Weisheitstradition und nicht-synkretistischen Theosophie. Nach dem valentinianischen Gnostizismus des 2. Jahrhunderts ist die Weisheit, die Sophia, der jüngste der Äonen und die letzte der Hypostasen der Gottheit, in die sich die Gottheit selbst entfaltet. Die Äonen oder Hypostasen sind die Momente der Selbstentfaltung des göttlichen Geistes. Die letzte Hypostase oder Gestalt der Gottheit wird von den Gnostikern „der irrende Äon" genannt, und aus dem Irrtum der Sophia entsteht die Passion der Gottheit und die Tragödie der Weltentwicklung. Die Welt ist nach dem Gnostizismus Entäußerung der Weisheit aus dem göttlichen Geist, gefallene Weisheit. Die materielle Welt ist das Außen der geistigen Welt und Heraussetzung aus dem Pleroma. Ihre Entstehung wird als Folge eines Sturzes in der Gottheit selbst, als Fall der Weisheit gedacht. Aus der Imagination der durch ihre Einbildungskraft gefallenen Weisheit wird der Stoff der Welt durch Umwandlung genommen. Die Entstehung der Materie ist die Folge des durch falsche Imagination verursachten Sturzes der Weisheit. Die Schöpfung ist Werk der Herabminderung der Weisheit aus der Fülle der geistigen Welt in die Leere der materiellen Welt, ist *deminorationis opus*.[14] Die Welt ist, um eine Formulierung von Hans Jonas[15] aufzunehmen, „habituell gewordene Unweisheit" und Verdichtung des Irrtums zum Nebel der Materie.

Die protestexegetische Umkehrung der Weisheitslehre und Schöpfungstheorie im Gnostizismus ist offensichtlich. Die gnostische Weisheit ist Karikatur der theologischen Weisheit. Die gnostische „Weisheit" leidet nicht mit dem Menschen, sondern erleidet ihren eigenen Irrtum, der die Ursache der materiellen Welt und damit des Bösen ist. Die Schöpfung ist Folge des Irrtums und Falles der Sophia und daher, und das ist wesentlich für den Wert der Natur, als ganze selbst ein Irrtum. Die äußere Welt hat, da sie Verfallsform des Geistes ist, für den Gnostiker überhaupt keinen ethischen oder ontologischen Wert. Sie ist für ihn nichts anderes als das Gefängnis, das ein törichter Weltbaumeister (Demiurg) gemacht hat. Die Sophia und ihre Kinder, die Pneumatiker unter den Menschen,[16] erleiden die Schöpfung als ein Exil, in das sie mit ihrer Mutter, der Weisheit, aus der Fülle des Pleroma verstoßen sind. Die Welt ist das Gefängnis der unteren Weisheit und des pneumatischen Menschen. Der Mensch und die Weisheit sind in der Welt im Exil und ihrem Wesen nach gar nicht Teil der Schöpfung.[17] Leiblichkeit ist das Gefängnis des Pneuma, die materielle Welt der Natur Entäußerung (griechisch *ektrōma* = Mißgeburt) der Weisheit.[18] Die Natur ist das fremde Reich oder Gefängnis, in das die Weisheit verschlagen wurde, nicht das Haus, das sie sich gebaut hat.

Natur und Schöpfung werden zu Entäußerungs- und Verfallsformen der Weisheit herabgesetzt. Die Wirklichkeit und Verfaßtheit der Natur haben für den Gnostiker keinerlei Bedeutung für das Innere des pneumatischen Menschen, Natur und Schöpfung sind innerlichkeitslose Äußerlichkeit, sie sind absolut wertlos. Daraus folgt, daß auch der

116

Umgang mit der Natur ontologisch und ethisch irrelevant wird. Der Geist, der pneumatische Mensch kann mit der Natur machen, was er will, weil die Natur nur Verfallsform des Geistes ist.

Es gibt daher für den Gnostiker auch kein individuelles Voranschreiten in der erkennenden Weisheit, im Erkennen jener Weisheit, die in der Welt ist. Der Gnostiker strebt nur nach der absoluten Gegenwart und Unvermitteltheit der „Gnosis" als Erlebnis der Identität des eigenen Pneuma mit dem welttranszendenten pneumatischen Pleroma. Die „Gnosis" ist der Weisheit feindlich entgegengesetzt, weil der Gnostiker im Zuviel-wissen-wollen die Ursache der Versetztheit der Welt und im Wissenerwerben die Ursache des Unglücklichwerdens erkennt.

Der Weisheitspessimismus des Gnostikers geht so weit, die Weisheit als ganze für einen Irrtum zu erklären, eine Einschätzung der Weisheit, der noch der Spätgnostiker Cioran folgt:

Basilides, der Gnostiker, ist einer der seltenen Geister, die zu Beginn unserer Zeitrechnung verstanden haben, was jetzt ein Gemeinplatz ist, nämlich, daß die Menschheit, wenn sie sich retten will, in ihre natürlichen Grenzen zurücktreten muß und umkehren zur Ungewißheit, dem wahren Zeichen der Erlösung. Dieser Gemeinplatz, das wollen wir zugleich hinzufügen, bleibt noch heimlich: jeder flüstert ihn, hütet sich aber, ihn zu verkünden. Wenn er zum Slogan wird, dann wird ein bedeutender Schritt vorwärts getan sein.[19]

Weisheit und Wissen sind für den Gnostiker nicht „die Gnosis". Diese ist vielmehr gerade eine Befreiung von Wissen und Lernen. Es kann deshalb auch die Menschheit als allgemeiner Mensch nach dem Gnostizismus in der Weisheit nicht voranschreiten, weil die untere göttliche Weisheit als ganze im Irrtum ist und der Zustand der Natur und der Menschheit im ganzen für den Gnostiker und seine absolute Innerlichkeit ohnehin irrelevant sind. Die untere Weisheit leidet nach dem Gnostizismus, im Gegensatz zur theologischen Weisheitslehre, nicht *mit* und *an* dem Menschen, sondern sie erleidet ihre eigene tragische Schuld. Der

Mensch ist nach dem Gnostizismus unschuldig am Bösen in der Welt, und wenn er schlecht handelt, ist dies Folge seiner tragischen Exiliertheit in dieser ihm fremden Welt. Sein Schlecht-Handeln berührt deshalb auch nicht den eigentlichen Teil seines Seins, der außerhalb der Welt ist, die Innerlichkeit des Pneuma.

### 4. Erleidenkönnen und Leiblichkeit der Weisheit als nachmoderne Ideen

Was folgt für die Forderung der Weisheitstradition, daß die Menschheit nicht nur im Wissen, sondern auch in der Weisheit voranschreiten müsse, aus der Weisheitstradition? In der gesamten Weisheitstradition, in der theosophischen Gnosis und im Gnostizismus, spielt das Leiden der Weisheit, wie gezeigt wurde, eine zentrale Rolle. Ein bestimmtes Erleidenkönnen gehört, so kann man daraus schließen, offenbar zur Weisheit. Mit der Macht muß auch das Erleidenkönnen zunehmen, sagt ein Denker der Romantik, Adam Müller. Weisheit ist ein Mittel, Macht gut auszuüben und zugleich ein Mittel, das Erleidenkönnen zu erlernen. Mit der Macht muß das Erleidenkönnen, für das Erleidenkönnen die Weisheit zunehmen. Da die Macht des Menschen über die Natur durch die Wissenschaft immer größer wird, muß die Menschheit im Erleidenkönnen und das heißt nicht nur in der Wissenschaft, sondern auch in der Weisheit voranschreiten.

Die moderne, wissenschaftlich-technische Naturbeherrschung stößt aufgrund ihrer Folgelasten an Grenzen. Neue Formen eines nicht-industriellen und nicht-mechanistischen Naturverhältnisses müssen an die Stelle industrieller Naturbeherrschung oder zumindest ergänzend neben sie treten. Um die möglichen neuen Formen der Nutzung der Natur zu entwickeln, ist nicht nur Wissenschaft, sondern auch Weisheit nötig, ist menschliche Weisheit gefordert, die das ihr Gleiche, nämlich die göttliche Weisheit, in der Natur zu erkennen vermag. Neue Formen der Symbiose mit der Natur sind möglich, wenn sich die Weise des Erkanntwerdens der Natur ändert. Neue bioökonomische und soziobiologische Modelle der Naturwissenschaft und des Austauschs mit der Natur deuten eine Entwicklung in dieser Richtung bereits an.

Saint-Martin schreibt 1782: „Die Weisheit, die uns geschaffen hat, erfüllt ihren Vertrag, nur wir Menschen nicht."[20] Die Menschen erfüllen nicht ihre Aufgabe gegenüber der Natur und der Weisheit in ihr. Weil sie in ihrem Naturverhältnis keine Weisheit üben, erfüllt auch die Natur ihren Vertrag mit den Menschen nicht in der Weise, wie es in der Schöpfung angelegt ist. Wenn wir den Austausch mit der Natur mit Weisheit und Gerechtigkeit und nicht nur mit dem Ziel der Ausbeutung der Natur vollziehen, wird uns auch die Natur ihre Gaben leichter und großzügiger geben. Die „Leiblichkeit" der Weisheitstradition bildet ein Korrektiv zu der gnostizistischen Trennung in die geist- und seelenlose Materie, die bloße *res extensa*, und in den leib- und naturlosen Geist, die *res cogitans*, – eine Trennung, welche die moderne Naturwissenschaft ontologisch bestimmt und ihre Heraufkunft mit ermöglicht hat. In dieser dualistischen Sicht der Wirklichkeit hat die Natur keinen ethischen oder ästhetischen, sondern nur einen subjektiv-ökonomischen Wert, der sich allein aus ihrer Vernutzbarkeit für subjektive menschliche Bedürfnisse ableitet.

Diese die Natur entwertende und die menschliche Subjektivität spiritualistisch überbewertende Theorie der Gesamtwirklichkeit ist gnostizistisch, aber nicht weise. Denn sie übersieht nicht nur die Weisheit in der Natur, sondern auch die Tatsache, daß der Mensch nicht nur Geist, sondern auch Leib und damit selbst „Natur" ist. Der gnostizistische Dualismus entwertet durch seine Blindheit gegenüber dem Leiblichen und der Weisheit des Leibes nicht nur die außermenschliche Natur, sondern den Menschen selbst, weil er die Leiblichkeit des Menschen verachtet. Wenn die organische Natur keinen Wert besitzt, verliert auch der Mensch als leibliches Wesen seinen Wert und wird auf den Geist, das Pneuma, und damit auf ein spiritistisches Gebilde reduziert. Gilt aber nur das Geistige am Menschen als wertvoll, so verliert er seine Würde als endliches Wesen, als leibliches Individuum.

Nur Weisheit, nicht aber spiritistischer Gnostizismus ermöglicht es, die Weisheit in der Natur und den ethischen Wert der Integrität dessen, was die Natur von sich her sein kann, zu erkennen und im Handeln anzuerkennen. Diese Weisheit ist nicht feindliche Konkurrentin, sondern freundschaftliche Ergänzung der Wissenschaft. Sie muß die Wissenschaft und das Wissensstreben vervollständigen, damit das Wissen die Natur nicht nur zu beherrschen, sondern auch in ihrem Wert zu erkennen und anzuerkennen vermag.

### 5. Ist Weisheit reaktionär?

Cioran hat die These aufgestellt: „Jede Weisheit und um so mehr jede Metaphysik ist reaktionär, wie das jeder Denkform entspricht, die auf der Suche nach Konstanten sich vom Kult des Verschiedenen und des Möglichen befreit."[21] Seine These mag zutreffend sein für eine geschichtliche Phase, in der Veränderung eo ipso Verbesserung verspricht und die Hoffnungen auf Fortschritt durch Wissenszuwachs ungebrochen sind. In einer Situation, in der alles Wissen die Beherrschbarkeit der Natur und des Menschen zu steigern scheint, wirkt die Forderung nach einem Voranschreiten in der Weisheit, das heißt in der Wissensform des erleidenden und betrachtenden Wissens antiutopisch, fortschrittsfeindlich, ja reaktionär. In einer Phase, in der Fortschritt nicht mehr zwangsläufig als Verbesserung angesehen wird, die Naturbeherrschung ambivalent wird und die Utopien ihren Glanz eingebüßt haben, sind die Suche nach Konstanten und die Abkehr vom Kult des Möglichen zur Anerkennung des Vorranges des Wirklichen vor dem Möglichen nicht mehr reaktionär. Unter spätmodernen Bedingungen ist „Weisheit" nicht mehr reaktionär, sondern wird futuristisch.

Die Relativierung der Grenzziehung zwischen progressiver Wissenschaft und reaktionärer Weisheit gilt mutatis mutandis auch für die Grenze zwischen Philosophie und Theosophie, welche, so Schelling, „der Wissenschaftslie-

bende Mensch keusch zu bewahren suchen wird". Die
Grenze zwischen Theosophie und Philosophie liegt nach
Schelling darin, „daß alles erst zur wirklichen Reflexion
gebracht werden muß".[22] Die Weisheitstradition wider-
spricht nicht der Forderung nach wirklicher Reflexion,
aber sie stellt die Annahme oder Hoffnung des absoluten
Idealismus in Frage, daß *alles* zur *wirklichen* Reflexion gebracht werden könne. Schöpfung und Geburt sind keine
Formen des Hervorbringens durch Reflexion. Schöpfung
ist Hervorbringen durch Willen, Imagination, Denken und
Tun, nicht Hervorbringung durch Reflexion oder Denken
allein.[23] Auch Geburt ist eine Weise des Hervorbringens,
die auf keine andere Form der Hervorbringung zurückge-
führt werden kann.[24] Die Fragen nach dem Anfang und
nach dem Neuen können, wie Schelling selbst wußte, nicht
durch Reflexion beantwortet werden. Deshalb wird der
Mensch, der wissenschafts- *und* weisheitsliebend ist, die
Grenze zwischen Wissenschaft und Weisheit, Philosophie
und Theosophie nicht so klar gezogen und nicht so keusch
bewahrt wissen wollen wie jener, der nur die Wissenschaft
liebt.

# 6. Kapitel
## Christliche Gnosis und spekulative Philosophie unter Bedingungen der Postmoderne

Das Verhältnis von Philosophie und Christentum ist seit den Anfängen des Christentums ein Verhältnis der wechselseitigen Anziehung und Abstoßung. Seit Paulus im Areopag von Athen das Gespräch mit den Philosophen suchte, um ihnen das Christentum als Vollendung der Weisheit nahezubringen, damit jedoch bei den athenischen Philosophen bekanntlich keinen Erfolg hatte, begreift sich das Christentum auch als philosophische Religion.

### 1. Philosophie und Religion

Die Philosophie erscheint den christlichen Denkern sowohl als Magd der Theologie, als auch als Vorstufe zum Christentum, das, wie Clemens von Alexandrien schreibt, die wahre und absolute Philosophie,[1] die Vollendung der Philosophie sei. Nach Laktanz ist das Christentum die Erlösungsreligion des Geistes und als solche die echte und abschließende Synthese von Philosophie und Religion.[2] Aber auch die Ansicht, daß die Philosophie und vor allem die moderne Philosophie aufgrund ihres atheistischen Grundzuges eine einzige große Häresie sei, wird von christlichen Denkern wie dem Altlutheraner Rocholl vertreten.[3]

Auf der anderen Seite, derjenigen der Philosophie, wird das Christentum entweder freundlich als inkommensurabel mit der wissenschaftlichen Philosophie oder vereinnahmend als über sich noch nicht zur Klarheit gekommene Vorstufe der Philosophie oder kritisch bis feindselig, wie etwa in der Philosophie der Aufklärung, als Aberglaube, Priesterbetrug oder Selbsttäuschung des Menschen aus Schwäche angesehen. Das Christentum muß in der Sicht der Philosophie der Aufklärung auf moralische Religion oder private Erbauung der Seele reduziert werden. Alle Ansprüche des Christentums auf theoretische Wahrheit und darauf, daß die christliche Dogmatik über historische Ereignisse und die noch andauernde Wirklichkeit dieser Ereignisse spricht, müssen zurückgewiesen werden.

Auch jene Philosophie, die Vollendung und Selbstkritik der Aufklärung zugleich ist und die Philosophie der Moderne schlechthin bildet, die Dialektik Hegels, erkennt im Christentum eine zu überwindende Stufe des menschlichen Bewußtseins. Das Christentum ist für Hegel nur die Vorstufe zur eigentlichen Einsicht in die Struktur der Welt, den Gang der Weltgeschichte, welche das Hegelsche System seinen Anhängern eröffnet. Für Hegel ist die Religion und damit auch die christliche Religion die Vorstufe zur Philosophie. Religion ist die Stufe der bloßen Vorstellung, die vor der eigentlichen Erkenntnis, der Stufe des Begriffs und des vollendeten Systems der Wahrheit steht. Das Christentum kommt nach Hegel erst in seinem eigenen System der Philosophie zur wirklichen Darstellung und Wahrheit.

Die „modernen" Positionen der Aufklärung und der Philosophie Hegels haben gemein, daß sie im Verhältnis von Philosophie und Christentum die menschliche Vernunft zur letzten Richterin über die Wahrheitsansprüche der Philosophie und der Religion machen. Die Religion und damit das Christentum müssen sich in der Aufklärung und im Hegelschen Idealismus vor dem Gerichtshof der menschlichen Vernunft verteidigen und ihre Ansprüche auf wahre Aussagen rechtfertigen. Es sollen alle Behauptungen, so will es die moderne Philosophie seit Descartes, vor dem Zweifel des denkenden Wesens Mensch bestehen können, und was vor diesem Gerichtshof sich nicht rechtfertigen kann, soll verworfen werden.

Kant hat die Grenzen, welche die rechtfertigbaren Aussagen von den nicht vor der Kritik der Vernunft ausweisbaren trennt, weiter spezifiziert. Wahrheitsfähige Aussagen über die Wirklichkeit sind nur solche, die die apriorische Struktur des menschlichen Geistes in den Kategorien und Vernunftideen betreffen oder aus der Anwendung der Kategorien auf die uns in der sinnlichen Anschauung gegebenen Dinge folgen. Die Inhalte des Christentums, der trinitarische Gottesbegriff, die Lehre von Schöpfung, Sündenfall und Erlösung, gehören nicht zu den im Sinne Kants wahrheitsfähigen Aussagen. Die sie betreffenden Aussagen sind weder in der apriorischen Struktur der Erkenntnis gegeben noch sind sie Aussagen über Gegenstände, von denen Anschauung möglich ist.

Diese Einsicht in die Nichtanschaubarkeit der „Gegenstände" der Religion war dem Christentum vor Kant allerdings wohl vertraut, und niemand hatte je bestritten, daß äußere Anschauung Gottes dem Menschen in seiner irdischen Existenz verschlossen ist. Niemand hat Gott jemals gesehen, sagt der Evangelist Johannes. Kein in Raum und Zeit eingeschlossener Mensch hat Anschauung von der Schöpfung und Erlösung. Nur hatte man vor Kant dies nicht als einen Einwand gegen die Religion angesehen, weil auch die „Gegenstände" der Religion jenseits der raum-zeitlichen Welt liegen.

Nach Kant bleibt für die Inhalte der Religion nur eine postulatorische Wirklichkeit aus den Erfordernissen der Moral. Um konsistent moralisch handeln zu können, müssen wir annehmen, daß Gott existiert, daß wir frei sind, gut oder böse zu handeln, und daß unsere Seele unsterblich ist und wir für unsere Taten belohnt beziehungsweise bestraft werden. Wir müssen von uns selbst fordern, diese Inhalte zu glauben. Sie sind Postulate der praktischen Vernunft, nicht aber Aussagen der theoretischen Vernunft über die Wirklichkeit.

Franz von Baader hat mit Saint-Martin gegen Kants postulatorische Religionsbegründung eingewendet, daß in ihr der Mensch letztlich nur an sich selbst glaubt,[4] nämlich an sein Vermögen, moralisch zu handeln und die dazu nötigen Vorstellungen in sich autonom hervorzurufen. Auch Schelling hält diese Verdoppelung der moralischen Forderung an den Menschen, daß er moralisch sein solle *und* die hierzu nötigen Ideen über die Welt in sich selbst hervorrufen solle, für überflüssig. Wer moralisch handle, der benötige nicht die Postulate der praktischen Vernunft, wer nicht moralisch sei, werde sich auch nicht selbst „besprechen", die Postulate der praktischen Vernunft für wahr zu halten, damit er moralisch werde.[5]

Für Kant ist der Mensch autonom in der Erweckung des Gottesbegriffs in sich, weil das Postulat der Existenz Gottes Folge seiner autonomen praktischen Vernunft, seiner autonomen Sittlichkeit ist. Allerdings sieht Kant, daß aufgrund des radikal Bösen im Menschen die menschliche Autonomie durch postulatorische Ideen eingeschränkt werden muß. Der Mensch schafft sich also autonom Begriffe, deren durch die Forderung des Menschen an sich selbst begründete Existenz seine Autonomie einschränkt. Der Widerspruch zwischen Autonomie und autonom erzeugter Restriktion der Autonomie bleibt bei Kant ungelöst, aber Kant erkennt zumindest an, daß der Mensch nicht völlig frei und autonom in seinem Handeln ist, sondern aufgrund des Bösen im Menschen sich selbst Einschränkungen der Freiheit postulatorisch schaffen muß. Die Aussagen über Gott, Freiheit und Unsterblichkeit bleiben bei Kant jedoch postulatorisch. Es haftet ihnen ein Moment der Simulation an.

Hegels Philosophie geht in ihren Ansprüchen, das Christentum in Philosophie zu transformieren und auf Philosophie zu gründen, über Kant weit hinaus. Das Dogma soll nach ihm im ganzen System seiner Philosophie *bewiesen* werden. Die Existenz Gottes soll nicht nur praktisch, sondern theoretisch begründet und sein inneres Wesen im wahrsten Sinn des Wortes erschlossen werden. Auch die Inhalte der Dogmatik, die Trinitätslehre, die Schöpfungslehre und die Lehre von der Menschwerdung Gottes sollen im System bewiesen werden, so daß Wissen an die Stelle von Glauben trete. Nach Hegel entäußert sich die göttliche Idee in die Natur und kehrt aus der Natur und dem endlichen Geist der menschlichen Individuen als vollendeter Begriff oder absoluter Geist zu sich zurück. Die Trinität ist das In-sich-Kreisen der Idee, die Natur, die allerdings nicht als freie Schöpfung bestimmt wird, die Entäußerung des göttlichen Geistes, der sich allerdings auch in der Person Christi in einem besonderen Individuum noch einmal exemplarisch entäußert wiederfindet. Der Tod Christi ist der Tod Gottes als eine Station des Werdens Gottes zu sich. Die Erlösung des endlichen Geistes besteht nach Hegel darin, daß sich der Mensch als Teil des Selbstwerdungsprozesses Gottes wiedererkennt und sich in seinem individuellen Tod in diesem Prozeß aufgehoben weiß.

Hegel gehört zum Prozeß der Aufklärung, weil er die Religion wie Kant nur innerhalb der Grenzen der Vernunft gelten läßt und die Rechtfertigbarkeit des Christentums auf das beschränkt, was in sein System eingebaut werden kann. Hegel geht insofern noch über die Religionskritik der Aufklärung hinaus und ist noch eine Übersteigerung der Aufklärung, als er beansprucht, das Christentum besser zu verstehen, als es sich selbst verstanden hat. Denn er behauptet, das Christentum erst mit seinem System auf den Begriff zu bringen. Hegel erhebt im Gegensatz etwa zur mittelalterlichen Philosophie den Anspruch, nicht nur die Existenz Gottes, sondern auch das innere Leben Gottes und die Heilsgeschichte der Menschwerdung Gottes in seinem System beweisen und aus dem spekulativen Schluß ableiten zu können. Hegel erweitert den ontologischen Gottesbeweis, den Kant als ganzen abgelehnt hatte, zu einem Beweis für die ganze christliche Dogmatik.[6] Nicht nur die Existenz Gottes folgt aus dem Begriff Gottes, sondern die ganze Heilsgeschichte Gottes mit den Menschen folgt aus der Bewegung des Begriffs, wie ihn das Hegelsche System entwirft. Gott muß sich in der Geschichte offenbaren, weil die Weltgeschichte Werden Gottes zu sich ist. Gottes Sein ist nach Hegel im Werden, und sein, Hegels System nicht nur die adäquate und abschließende Darstellung des Werdens des Absoluten zum an und für sich seienden Geist, sondern sogar dieser Prozeß selbst, in welchem Gott sich denkt.

Hegels System ist die Übersteigerung der Aufklärung und der Höhepunkt der Moderne. Die Aufklärung grenzt das Christentum nur durch die Grenzziehung der autonomen Vernunft aus dem Bereich der Vernunft und der „Vernunftreligion" aus und trennt die Religion der Vernunft vom historischen Christentum. Hegel grenzt dagegen das Christentum nicht aus, sondern transformiert es. Bei Hegel wird die christliche Dogmatik als ganze zur Vernunftreligion oder Religion des Geistes. Die historischen

Ereignisse des Christentums, die freie Geschichte Gottes mit den Menschen, wird zur Selbstbewegung und Selbstverwirklichung des absoluten Geistes in der Weltgeschichte. Der Weltgeist ist die Selbstwerdung Gottes. Hegels System ist radikale Verweltlichung Gottes, der an der Welt und in der Weltgeschichte erst zu sich kommt, und radikale Vergöttlichung des Menschen, weil Gott im subjektiven Geist jedes Menschen erst zum absoluten Geist wird.

Hegels Philosophie überhöht die Vernunftautonomie des Menschen zum Sichselbstdenken Gottes in ihm und macht die Bewegung des menschlichen Denkens zum Denken Gottes selbst. Hegels System transzendiert die subjektive Vernunftautonomie der Aufklärung, indem es das menschliche Subjekt in den absoluten Prozeß des Unendlichen auflöst und die Objektivität der Vereinigung von Unendlichem und Endlichem, des Absoluten und der menschlichen Individuen gegen den Subjektivismus der aufklärerischen Vernunft setzt. In der objektiven „Aufhebung" der Individuen in das Werden des absoluten Geistes und den Fortgang der Weltgeschichte ist Hegel Philosoph der Restauration und Überwinder des Subjektivismus der Aufklärung.

Die moderne, hegelianische Auffassung vom Verhältnis von Christentum und Philosophie ist Philosophismus. Mit Philosophismus soll die Überzeugung bezeichnet werden, daß das philosophische Denken den absoluten Primat und Geltungsvorrang vor dem religiösen Glauben habe und daß das philosophische Denken allein der Maßstab nicht nur der erkenntnistheoretischen Rechtfertigbarkeit des Glaubens, sondern auch der Maßstab und die adäquate Darstellung seiner historischen und dogmatischen Inhalte sei. Die christliche Dogmatik wird für den Philosophismus erst durch die philosophische Spekulation in ihre Wahrheit gebracht. Das historische Christentum tritt vollständig hinter der philosophischen Spekulation zurück, ist nur die unzureichende Vorstellung, die sich das religiöse Bewußtsein von dem eigentlichen Geschehen des spekulativen Begriffs macht. Hegels spekulative Philosophie ist dogmatische Spekulation, nicht aber spekulative Dogmatik. Sie ist Gnostizismus, nicht aber christliche Gnosis.

Gnostizismus bezeichnet eine Art und Weise des Philosophismus im Verhältnis von Christentum und Philosophie, die die philosophische Spekulation dogmatisch über
die Inhalte der christlichen Überlieferung und Dogmatik
stellt, christliche Gnosis dagegen den Versuch einer spekulativen Vergegenwärtigung und Erhellung der christlichen
Religion mit den Mitteln der Vernunft. In der christlichen
Gnosis stellt die Vernunft den eigenen Gedanken oder die
philosophische Methode nicht über den Inhalt des Christentums, sondern ist bereit, sich gegenüber dem Inhalt der
biblischen Überlieferung auch leidend zu verhalten, sie
nicht unter das Joch einer vorgegebenen Begriffsbewegung
oder Methode zu zwingen.[7]

Der Gnostizismus ist im 2. und 3. Jahrhundert mit dem
Christentum entstanden und hat sich in der Spekulation seiner verschiedenen Systeme wie dem Valentinianismus und
Markionismus an die werdende christliche Dogmatik an-
geschlossen. Er wurde häufig, besonders in der deutschen
Tradition der Theologie und Religionsgeschichte, auch als
„die Gnosis" bezeichnet, während in der englischen Diskussion die Bezeichnung „Gnostizismus" üblich war. Die
Bezeichnung des historischen Gnostizismus als „die Gnosis" ist aus zwei Gründen irreführend und eine *denominatio
ab extrinsecus*, eine Benennung von außen. „Gnosis" bedeutet griechisch Erkennen, insbesondere religiöses Erkennen,
das zugleich eine auf den Erkennenden wirkende Heilsbedeutung besitzt. „Gnosis" kann daher auch treffend mit
dem Schelerschen Begriff des „Heilswissens" übersetzt
werden.

„Gnosis" als religiöses Erkennen bedarf einer weiteren
Spezifikation, weil es religiöses Erkennen schlechthin nicht
gibt. Gnosis muß als christliche, jüdische oder islamische
Gnosis oder eben als autonomer, nicht einer Religion ver-
pflichteter Gnostizismus spezifiziert werden. Die Schulen
des spätantiken Gnostizismus sind philosophische Systeme
autonomer Spekulation, die sich an die positiven Religionen des Judentums und Christentums anlehnen, deren Inhalte aber nur scheinhaft, doketisch, übernehmen und sich
unabhängig von der Offenbarung der positiven Religionen

durch die Spekulation im Besitz der Kenntnis vom inneren Leben Gottes und vom Anfang der Welt wähnen.

## 2. *Scheinbare Menschwerdung Gottes: Doketismus in der Philosophie*

Innerhalb des Gnostizismus bezeichnet der Doketismus jene Sonderform der gnostizistischen Systeme, die annehmen, daß Christus nur scheinbar Mensch geworden sei, daß sein Leib nicht wie der aller anderen Menschen, sondern ein Scheinleib aus „geistigem Fleisch", *caro spiritalis*, gewesen und Christus daher auch nicht leibhaftig gestorben und auferstanden sei. Auf den ersten Blick scheint es in der Streitfrage des Doketismus nur um die Leiblichkeit zu gehen, deren Wert durch die Behauptung, daß Christus nur einen Scheinleib gehabt habe, herabgesetzt wird. In einem tieferen Sinn dreht sich diese christologische Kontroverse jedoch um die Menschwerdung Gottes und den historischen Charakter des Christentums überhaupt. Denn wenn Gott nicht wirklich, sondern nur scheinbar Mensch geworden ist, ist Christus auch nur eine Erscheinung, eine scheinbare Realität. Als doketischer Leib ist Christus nur eine Erscheinung des göttlichen Pleroma, der göttlichen Fülle, und fällt unter die zahlreichen spiritualistischen, halb wirklichen, halb eingebildeten Parusien des Göttlichen, deren die heidnische Welt viele kannte. Der historische Charakter des Christentums ist mit der Annahme eines Scheinleibes zerstört.

Tertullian hat gegen die Theorie der Scheinleiblichkeit Christi, wie sie der valentinianische Gnostizismus vertrat, bereits im Urchristentum den scharfsinnigen Einwand erhoben: Wenn Christi Leib nicht menschlich und das heißt materiell-leiblich gewesen ist, ist er auch nicht Mensch oder Menschensohn gewesen. Die doketische Theorie des Scheinleibes tut so, als ob wir Menschen von der Seele getrennt lebten, so daß wir eine Seele unabhängig vom Leib erkennen könnten und ein Wesen, das eine Seele ohne Leib hätte, als menschliches Wesen ansehen könnten.[8] Tatsächlich kommen Menschen aber nur als Einheit von Leib und

Seele vor. Die doketische „Scheinleibwerdung" Christi ist deshalb gar keine Menschwerdung.[9] Sie ist auch nicht Vereinigung mit der ganzen Menschheit, sondern nur mit deren pneumatischem Teil. Sie erlöst daher nicht den ganzen Menschen, sondern ist Selbsterlösung des menschlichen Geistes.

Aus der nur partiellen Einheit Gottes mit der Menschheit in der doketischen Christologie folgt ein zweiter, noch schwerwiegenderer Einwand. Der doketische Gnostizismus erkennt eine mit der Gottheit vereinigte, spirituelle Menschheit an, leugnet jedoch die empirisch gegebene, tatsächliche Menschheit.[10] Damit ist im doketischen Gnostizismus nicht die wirkliche Menschheit, sondern nur ein spiritualistisches Konstrukt der Menschheit mit Gott vereinigt. Die Vereinigung von Gottheit und Menschheit im Gnostizismus ist insofern scheinhaft, als sie eine solche von göttlichem und menschlichem Geist, aber keine der Gottheit mit der ganzen leib-seelischen Menschheit ist. Die Menschheit ist in ihr nicht als endliche und als Einheit anerkannt.

Da Gott sich nach dem Gnostizismus für sein Erscheinen als Mensch nur mit einem scheinbaren, geistigen Fleisch *(caro spiritalis)* bekleidet hat, nicht aber den menschlichen, materiellen Leib angezogen hat, besitzt seine Menschwerdung nicht nur für den menschlichen Leib, sondern auch für das Sein der materiellen Natur keine Wirkung. Die Natur wird von der Menschwerdung Gottes nicht berührt. Ihre Bestimmung ist es unterzugehen, nicht aber, verwandelt zu werden. Das Stoffliche kann nach dem Gnostizismus nicht verwandelt werden. „Denn die Gnostiker lehren", so Tertullian, „eine Natur der Natur, die unveränderlich und unverbesserlich sei."[11] Die Natur der Natur, das Wesen der Natur, ist nach dem Gnostizismus unwandelbar. Der Mensch kann vom Leib und von der äußeren Natur nur dadurch erlöst werden, daß diese untergehen.

Der Doketismus leugnet also mit der leiblichen Menschwerdung den historischen Charakter des Lebens Jesu, die Würde des menschlichen Leibes und der materiellen Natur und schließt eine Wandelbarkeit der Leiblichkeit des Menschen und der materiellen Verfaßtheit der Natur aus. Die

Spiritualisierung und Enthistorisierung der Menschwerdung setzt diese nicht nur zu einer scheinhaften und simulatorischen herab. Sie stellt sie als ganze in Frage. Bereits Tertullian hat gegen die doketischen Gnostiker eingewendet, daß man, wenn der Leib Christi nur ein Scheinleib gewesen sein soll, nicht sicher sein kann, daß die ganze Menschwerdung, ja Gott selbst nicht nur Schein und Phantasma seien. Wenn Menschwerdung Gottes nicht wirklich und leiblich gewesen ist, kann sie für Tertullian nur Simulation, Vorspiegelung von Menschwerdung gewesen sein.

Der Streit um den scheinhaften oder historischen Charakter der Menschwerdung Gottes hat, wie man aus Tertullian erkennen kann, nicht nur Bedeutung für die Christologie, sondern für das gesamte Wirklichkeitsverständnis des Menschen. Der Doketismus führt zur theologischen Verankerung des heute von den französischen Postmodernisten sehr betonten Wirklichkeitsmodus der Simulation. In der Simulation wird Wirklichkeit scheinhaft erzeugt. Im Doketismus erzeugt Christus den Schein von Leiblichkeit. Die Überzeugung von der wirklichen, leiblichen Menschwerdung Gottes in einem historischen Zeitabschnitt und an einem Ort verankert dagegen die Bedeutung des Hier und Jetzt und das historische Wirklichsein im Bewußtsein des Menschen. Das Wirklichsein gewinnt damit den unendlichen Vorrang vor dem nur Möglich- oder Simuliertsein.

Mit ihrem Bestehen auf dem leiblichen und historischen Charakter der Menschwerdung Gottes hat die christliche Kirche durch die Auseinandersetzungen mit dem Gnostizismus theoretisch und praktisch einen Begriff von Wirklichkeit erarbeitet, der das Sich-Flüchten in die Scheinwelten des Mythos und der mythischen Simulation ausschloß. Die Bedeutung dieser Abweisung des Scheins für die Entwicklung des Menschen und der menschlichen Gesellschaft kann gar nicht überschätzt werden. Mit ihr sind das Sich-Verlieren und Sich-Vertrösten des Menschen durch phantastische und spiritualistische Mythen und Halluzinationen ausgeschlossen und durch ein „leibhaftiges" Wirklichkeitsverständnis und die Hochschätzung der leiblichen Wirklichkeit, die sich auch im Glauben an eine Erlösung ausdrückt, ersetzt. Die mit der Menschwerdung Gottes verbundene und gegenüber dem antiken Idealismus abgegrenzte Würdigung des Leiblichen hat überdies eine bedeutsame soziale Wirkung. Die Sorge für den Leib und die irdische Wirklichkeit des Menschen wird durch sie begründet und gefordert.

Das Christentum kann sich nicht in spiritualistische Scheinwelten flüchten und als mythischer oder philosophischer Spiritualismus oder als Simulation von Erlösung begreifen. Durch die Überzeugung von der leiblich-historischen Menschwerdung Gottes wird das Christentum darauf festgelegt, menschgewordene, auf die historische Wirklichkeit des Menschen und der Gemeinschaft bezogene Religion zu sein. Diese tatsächliche Menschwerdung Gottes wirkt sich als Verpflichtung zur tatsächlichen Sorge der christlichen Religion für die leibliche Wirklichkeit des Menschseins aus, eine Sorge, die sich bis in die tatsächliche Sorge für die Gemeinschaft in Sozialpolitik und tätiger Caritas verwirklichen muß. Es ist bezeichnend, daß der doketische Gnostizismus aufgrund seiner Leibverachtung nicht zu einer Anerkennung der institutionellen Sorge für den Nächsten und das Soziale gelangt ist.

Auch noch die doketische Rekonstruktion der Christologie im System Hegels ist von dieser Natur- und Leibverachtung des gnostizistischen Spiritualismus beziehungsweise Idealismus geprägt. Hegel hat die Notwendigkeit der Sorge für das Soziale nicht erkannt, obgleich er in seiner Rechtsphilosophie die Verarmung von Teilen der Bevölkerung im aufkommenden Industrialismus des Deutschlands des 19. Jahrhunderts durchaus diagnostiziert hat. Sein Zeitgenosse Franz von Baader hat dagegen als Vertreter einer genuin christlichen Philosophie und christlichen Gnosis die Lage des entstehenden Proletariats nicht nur hellsichtig diagnostiziert und dabei den Begriff des Proletariats[12] bereits 1834 lange vor Marx geschaffen. Er hat auch die Notwendigkeit aktiver Sozialpolitik für die Sicherung der wirklichen Volkswohlfahrt erkannt und die für sie nötigen und verwirklichbaren sozialen Institutionen konzipiert.

Die christliche Soziallehre betont die Notwendigkeit von Sozialpolitik. Die Einführung des sozialen Staates und systematischer Sozialpolitik ist zunächst von der Katholischen und etwas später auch von der Evangelischen Soziallehre im 19. Jahrhundert angeregt worden. Die christliche Soziallehre wendet sich ebenso gegen einen leiblosen und spiritualistischen Idealismus wie gegen einen geist- und subjektlosen Materialismus.[13] Ihr „Realismus", der aus der Betonung der Leib-Seele-Einheit des Menschen und der leiblichen, wirklichen Menschwerdung Gottes folgt, ist dem idealistischen Überfliegen der Lebenssituation des endlichen Wesens Mensch ebenso entgegengesetzt wie dem materialistischen Unterschätzen des geistigen Wesens des Menschen.

*3. Hegel und Marx als die Häresien der Moderne*

Der Idealismus Hegels und seine doketische Deutung der Menschwerdung Gottes hatten das Christentum zu einer Philosophie der Gebildeten und einem System des absoluten Geistes reduziert. Hegels Gnostizismus führte zur Aufgabe des Schöpfungsgedankens und zu einer Entleerung des Kreuzes, das vom Opfer Gottes für die Menschen zu einer Etappe auf dem Weg der Selbstbewußtseinswerdung Gottes uminterpetiert wurde. Hegels gnostizistisches System gab auch den Auferstehungsglauben preis. Die Folge dieser doketischen Uminterpretation des Christentums und der Idee der Menschwerdung Gottes war ein spiritistischer, die soziale Wirklichkeit nicht erreichender Idealismus, der in sein Gegenteil, den geistfeindlichen Materialismus umschlagen mußte. Die linkshegelianischen Schüler Hegels und vor allem Marx haben diesen Umschlag der Hegelschen idealistischen Dialektik des absoluten Geistes in den Dialektischen Materialismus vollzogen. Bereits wenige Jahre nach Hegels Tod sprach man von der „gnostischen Negation" als dem Wesen des Hegelianismus. Gnostische Negation bedeutet, daß sich das Absolute durch Selbstnegation und Wiederaufhebung der Negation zum be-

133

stimmten Geist entwickelt. Der Tod Christi am Kreuz wird in der gnostischen Negation Hegels zum Tod Gottes als Negation seines substantiellen Seins, das im Dunkel des Todes zur Subjektivität des Selbstbewußtseins findet.

Es ist nicht erstaunlich, daß Marx diese idealistische gnostische Negation und Dialektik für ein idealistisches Überfliegen der Wirklichkeit erklärte und beanspruchte, die idealistische Dialektik durch die materialistische Dialektik und Kritik der Politischen Ökonomie vom Kopf auf die Füße zu stellen. Der Marxismus und Materialismus bildeten die ebenso verfehlte wie verständliche Antwort auf einen leiblosen, gnostischen Idealismus, verfehlt, weil bereits Marx übersehen hatte, daß die materialistische Dialektik ebensowenig wie die idealistische in der Lage ist, einen angemessenen Begriff vom Menschen zu entwickeln. Das Ich und Selbst als singuläres Individuum und als sich in der Zeit durchhaltendes Handlungs- und Personzentrum kann in Systemen des dialektischen Fortschreitens, seien sie idealistisch oder materialistisch, nicht gedacht werden. Den Systemen der Dialektik ist notwendig ein Antihumanismus und eine Selbst-losigkeit eigen, weil weder der Idealismus noch der Materialismus das menschliche Selbst als Einheit von Leib und Geistseele theoretisch darzustellen und sozial zur Wirksamkeit zu bringen vermag.

Die Menschwerdung Gottes, wie sie das Christentum lehrt, wird im Hegelianismus zur Geistwerdung und Selbstbewußtwerdung Gottes in und an der Menschheit. Das Absolute wird im Durchgang durch Natur und Menschheit absoluter Geist. Auch Marx hält an einem Element der Menschwerdung des Absoluten und an einem gewissen Humanismus neben der beherrschenden materialistischen Dialektik der Entwicklung der Produktivkräfte fest. Der Statthalter der Menschheit und der Idee des Menschen ist jedoch für ihn nicht die Gestalt Christi oder die Menschheit als ganze, sondern das Proletariat. Das Proletariat soll vikarisch für die ganze Menschheit das Absolute in der Geschichte verwirklichen. Die kommissarische Diktatur des Proletariats rechtfertigt sich nach Marx aus dessen Statthalterschaft für die Idee der Menschheit. Die geschichtliche

Erfahrung dieses Jahrhunderts hat gezeigt, daß es dieser Diktatur wie den meisten kommissarischen Diktaturen erging: sie hat sich als dauerhafte eingerichtet und ihren Auftrag nicht erfüllen können, weil die Diktatur der Arbeiterschaft ebenso ungerechtfertigt ist wie die Diktatur jedes anderen Standes der Gesellschaft. Die Schwierigkeiten, die es bereitet, diese wie jede andere Diktatur in eine verfassungsmäßige Demokratie umzuwandeln, werden in den gegenwärtigen Versuchen eines Umbaus der osteuropäischen Länder von Diktaturen des Proletariats zu Verfassungsdemokratien sichtbar.

Hegels doketische Christologie ist eine gnostizistische Häresie des Christentums. Der Begriff Häresie bezeichnet eine Lehre, die sehr nahe an der Wahrheit ist, aber die Wahrheit nicht als ganze, sondern nur in vom Ganzen losgelösten Teilen enthält. Die Häresie begreift die Wahrheit – dem wörtlichen Sinne von *hairein* (= griechisch wegnehmen) entsprechend – nur in häretischen, abgespaltenen Bruchstücken. Die marxsche Theorie ist eine materialistische Häresie des Hegelianismus und daher eine Häresie einer Häresie des Christentums. Es geht bei der Kennzeichnung „Häresie einer Häresie des Christentums" nicht nur um eine elegante Iteration, sondern um das Verstehen der Nähe und Ferne, der Verwandtschaft und Differenz des Marxismus zur christlichen europäischen Tradition. Der Marxismus ist wie der Gnostizismus Hegels aus dem christlichen Gedanken entstanden, daß die Menschheit auf dem Wege zu ihrer wahren Menschwerdung ist, aber er leugnet, daß die entscheidende erste Etappe in der Menschwerdung Gottes im Ereignis Christi bereits geschehen ist und daß allein das mit diesem Ereignis gegebene Versprechen, daß Gott den Weg der Völker und der Menschheit mit seiner Hilfe begleiten wird, die eschatologischen Hoffnungen der Menschheit rechtfertigt. Ohne diese wahrhaft christliche Hoffnung, daß Gott den Menschen auf ihrem Weg durch die Geschichte beisteht, ist der Glaube an einen Fortschritt der Menschheit unbegründet. Die Menschheit als solche ist auch zum Rückschritt, zur Regression fähig, ja der Rückschritt ebenso wahrscheinlich oder sogar wahrscheinlicher als der Fortschritt.

Noch in einem weiteren Sinn kann der sowjetische Marxismus als eine christliche Häresie angesehen werden. Es ist bereits vor der Oktoberrevolution von 1917 bemerkt worden,[14] daß in der östlichen, orthodoxen Tradition des Christentums der Gedanke der Eschatologie und innerweltlichen Vollendung der Welt zugunsten der „Gnosis", des inneren, intellektuellen Heilserlebens des Christen im mystischen Augenblick zurückgetreten ist. Wenn diese Beobachtung über die unterschiedliche Frömmigkeit des „aktivistischen" westlichen und des kontemplativen östlichen Christentums zutrifft, erscheint die marxistische Umwälzung Rußlands, des Dritten Roms, die es in der Revolution von 1917 als eine durch den Marxismus von der christlichen Gnosis zu einer rein innerweltlichen Eschatologie vollzogen hat, auch als eine Kompensation für einen Mangel an eschatologischem Denken. Die marxistische Häresie enthält Momente einer Überkompensation für einen Mangel an Eschatologie im orthodoxen Christentum. Andererseits bildet das orthodoxe Christentum durch seine Betonung der christlichen Gnosis und Spiritualität für das westliche aktivistische Christentum ein Korrekturmoment gegen die Auflösung der Religion in politische Programmatik.

Die modernen Theorien der Menschwerdung des Absoluten, der Hegelianismus und Marxismus, zeigen, daß Menschwerdung Gottes weder Menschwerdung des Absoluten in der ganzen Menschheit noch stellvertretende Absolutwerdung der Menschheit in einer Klasse bedeuten kann. Gott kann Mensch nur in einem Individuum werden, weil der Mensch nur in Individuen und nicht als „Menschheit" schlechthin existiert. Weil der Mensch nur als Individuum Mensch und Teil der Menschheit wird, kann Gott wirklicher Mensch nur werden, wenn er in einem Individuum zu einem leiblichen Wesen wird.

Die Moderne hat sich exemplarisch im Idealismus Hegels und im Materialismus Marx', in den beiden „Meistergeschichten der Moderne" konstituiert. Die Kritik der französischen Postmoderne hat die Geltung dieser beiden Monismen, welche die Moderne als Epoche dominierten und die Moderne als Ideologie begründeten, destruiert.[15] Die Überwindung des modernen monistischen Gnostizismus von Hegel und Marx in der postmodernen Philosophie wird begleitet von einer Infragestellung der Geltung des Szientismus. Beide Entwicklungen, die Widerlegung des Monismus der Moderne als Ideologie und die Erosion des Szientismus durch das plurale, den Widerstreit und die Differenz betonende Denken der dekonstruktivistischen *und* der essentialistischen Postmoderne setzen das Christentum als Glauben und christliche Gnosis frei von den Zwängen des dialektischen und des szientistischen Monismus.

Die dekonstruktivistische Postmoderne droht jedoch durch ihre Totalisierung des Widerspruchs, des „kleinen Narrativs" und des Pluralismus das Christentum zugleich auf die Stufe der „kleinen Erzählung" und des Mythos herabzudrücken und seinen Wahrheitsanspruch in Mythologie aufzulösen.

Das Christentum kann sich als absolute Religion nicht als Mythos verstehen. In einer Situation, in der die Mythologie droht, wieder zur herrschenden Weltsicht und zur sozialen Orientierung zu werden, wird das Christentum eher an die Seite des Szientismus und der Moderne als an die Seite des totalen Pluralismus und der dekonstruktivistischen Polymythie treten. Noch ist es aber nicht ausgemacht, ob die Signatur der Postmoderne mythologisch oder christlich sein wird.

*4. Christliche Gnosis:*
*Singularität der Geschichte und Allgemeinheit des Begriffs*

Für die Begründung einer christlichen, nichtmythologischen Postmoderne ist das philosophische Begreifen der Inhalte der christlichen Dogmatik von großer Bedeutung. Die Überwindung der Polymythie und die Wiedergewinnung einer Theorie der Gesamtwirklichkeit nach dem Ende der szientistischen Meistergeschichten der Moderne erfordert eine Philosophie des Christentums oder christliche

Gnosis, welche die Inhalte des christlichen Glaubens als sie selbst und nicht nur doketisch zur Darstellung bringt und eine spekulative Dogmatik an die Stelle dogmatischer Spekulation setzt.

Für die Philosophie des Christentums sind drei Fragenkomplexe entscheidend: die Frage nach der Historizität des Christentums, das Begreifen von Schöpfung, Fall und Erlösung als Momenten der Gesamtwirklichkeit und die Vereinigung der endlichen Freiheit des Menschen mit der absoluten Macht und Herrlichkeit Gottes.

Der Doketismus im weiteren Sinn ist eine Fehlinterpretation der historischen Ereignisse des Lebens Jesu, die nicht als Stationen der Menschwerdung Gottes, sondern als Allegorie für etwas ganz anderes, für die Selbstwerdung des Absoluten, genommen werden. Der Doketismus ist Philosophismus, weil er den Begriff, den sich die Philosophie vom Ereignis Christi macht, über den historisch überlieferten und durch das kirchliche Lehramt interpretierten Glauben an die Historizität dieses Ereignisses stellt. Zwischen Philosophie und Religion wird an der Frage der Menschwerdung Gottes exemplarisch das Problem verhandelt, wie sich die menschliche Existenz zu der Geschichtsmächtigkeit Gottes und zu den Grenzen der menschlichen Vernunft und ihrer denkerischen und praktischen Autonomie verhält.

Das Ziel und Medium des philosophischen und wissenschaftlichen Erkennens ist das Allgemeine des Begriffs, das im Erkennen frei vom Subjekt anerkannt werden soll. Philosophie und Wissenschaft zielen auf allgemeingültige Gesetzmäßigkeiten. Das Christentum betont dagegen in allen seinen Glaubenssätzen die Einmaligkeit und Singularität des Geschichtshandelns Gottes und das fortdauernde Wirken Gottes in die Unwiederholbarkeit und Irreversibilität der Geschichte hinein.

Der eine Gott schafft die eine und nicht viele mögliche Welten. Er ist einmal Mensch geworden, einmal gekreuzigt worden und einmal auferstanden, *„eph hapax"*, wie Paulus sagt. Das Allgemeine tritt hier hinter das Singuläre in seiner Bedeutung völlig zurück. Mit der Einmaligkeit der

Schöpfung ist auch die Überzeugung verbunden, daß jeder Mensch von Gott nicht nur als einzelner, sondern als singulärer geschaffen ist. Gott schafft nicht eine allgemeine Form des Menschen, die einem vorgegebenen Stoff aufgeprägt wird, sondern er schuf die allgemeine Form des Menschen und den Stoff *ex nihilo* und er erschafft fortdauernd neu das Singuläre der Seele der Individuen. Der Satz der christlichen Dogmatik von der *creatio ex nihilo* Gottes hat seinen Grund darin, die Annahme auszuschließen, Gott präge die menschliche Gestalt nur einer bereits vorhandenen Urmaterie auf. Gott machte vielmehr den Stoff *ex nihilo*, erdachte die Idee der menschlichen Gestalt und bringt fortwährend die individuelle menschliche Seele hervor.

Die Frage ist, wie sich philosophische Theorie zu der Singularität historischer Heilsereignisse beziehungsweise zu der Behauptung ihres Geschehenseins verhalten kann. Singuläre historische Ereignisse können aus allgemeinen Gesetzen und der Kenntnis der Antecedens-Bedingungen dieser Ereignisse nicht eindeutig abgeleitet werden, weil die Bedingungen ihres Eintretens niemals vollständig angegeben werden können. Da jedes Ereignis durch alle Ereignisse vor und neben ihm individuiert wird, können Ereignisse nicht deterministisch erklärt und prognostiziert werden. Für Ereignisse, die auf das Wirken Gottes in der Geschichte zurückgehen, gilt ihre Nichtableitbarkeit um so mehr.

Es gibt kein allgemeines Prinzip, aus dem das Handeln Gottes in der Geschichte als Sonderfall oder Spezifikation dieses Allgemeinen abgeleitet werden könnte, weil dieses allgemeine Prinzip wieder in dem Willen Gottes gründen müßte, so daß der göttliche Wille das Oberprinzip dieses allgemeinen Prinzips wäre. Daß Gott Schöpfer ist und Mensch geworden ist, läßt sich nicht aus dem Begriff Gottes ableiten, weil der Wille Gottes und nicht der Begriff Gottes das Prinzip des göttlichen Handelns ist. Gott muß sich nicht, wie Hegel meinte, offenbaren, weil es das Prinzip des Geistes ist, zum anderen seiner selbst zu werden, Gott aber unter die Gattung Geist fällt. Der Obersatz, daß Gott Geist ist und sich offenbaren muß, gilt nicht, weil wir nicht ohne Gott wissen, was Gott ist, und weil es kein allgemeines Wesen Gottes, sondern nur seine absolute Subjektivität gibt. Daher kann nicht das Sich-Offenbaren in Schöpfung und Menschwerdung aus dem Begriff Gottes abgeleitet werden.

### 5. Selbstentäußerung und Sündenfall

Es trifft daher auch nicht zu, daß Gott am Kreuz sterben *mußte*, weil Gott ebenso wie jeder Mensch den Tod des Todes erleiden mußte, um zum Selbstbewußtsein zu kommen. Das Kreuz ist ebensowenig wie die Schöpfung aus dem Wesen Gottes abzuleiten. Es folgt nicht aus dem Prinzip der Selbstentäußerung des Geistes, der sich entäußern muß, um zu sich zu kommen, sondern es ist freie Tat Gottes, die verstanden werden kann als freie Antwort Gottes aus Liebe auf eine verfehlte oder nicht vollzogene Selbstentäußerung des Menschen.

Der menschliche Geist *muß* sich im Gegensatz zum göttlichen Geist entäußern, um zu sich zu kommen. Der erste Mensch Adam, nicht aber Gott selbst, mußte daher nach Franz von Baader die Versuchung zum Guten und Bösen bestehen, um wirkliches Selbstbewußtsein als Bild des göttlichen Selbstbewußtseins zu werden. Weil Adam diese Prüfung nicht bestand, fiel der Mensch und die Welt mit ihm. Weil die Welt gefallen ist, hat sich Gott aus Liebe ihrer erbarmt, er *mußte* sich aber nicht ihrer erbarmen, wie der Begriff des Erbarmens, in dem das Moment der Freiheit enthalten ist, bereits sagt. Weder der Fall des Menschen noch die Menschwerdung Gottes waren notwendige Ereignisse oder sind aus dem Begriff des Menschen beziehungsweise dem Begriff Gottes ableitbar und als Spezifikationen des allgemeineren Prinzips der Selbstbewußtwerdung zu deduzieren.

Der eindrucksvolle Satz Hegels „Erst muß das Herz der Welt brechen, ehe ihr höheres Leben vollkommen offenbar wird"[16] gilt für den Menschen und die Welt erst *nach* dem Fall. Er ist nicht das ursprüngliche Prinzip des Menschen und der Welt, weil in der ursprünglichen Anlage des Menschen der Mensch sich frei für Gott entscheiden konnte, damit sein höheres Leben in ihm offenbar werde, ohne daß sein Herz gebrochen wurde. Nach dem ursprünglichen Prinzip des Menschen mußte sein Herz nicht brechen, damit er wirklich Mensch werde. Der Fall des ersten Menschen war nicht notwendig. Der Fall des Menschen war nicht Verwirklichung des allgemeinen Prinzips, daß der Mensch nur durch die Entfremdung von sich selbst zum vollendeten Selbstbewußtsein gelangen kann, sondern er war Sündenfall, freie Verfehlung der Bestimmung des Menschen.

## 6. Spekulation und Geschichte

Das spekulative Denken kann die Ereignisse des Christentums, Schöpfung, Fall und Erlösung, deshalb nicht ableiten oder erklären, weil diese Ereignisse nicht aus Begriffen beziehungsweise aus dem Kausalzusammenhang anderer Ereignisse folgen, sondern immer die freie Handlung Gottes und des Menschen sind. Die Ereignisse des Christentums sind weder kontingent noch Resultat von Gesetzen oder anderen Ereignissen. Sie sind Tatfolgen des Handelns freier Wesen. Schelling hat zu Recht gegen Hegels Versuch, das Christentum aus der Logik des Begriffs zu beweisen, eingewandt, daß Gott der Herr und damit auch der Herr der Geschichte ist.

Eine philosophische Theorie, welche die Schöpfung und die Menschwerdung Gottes in ihrem System deduzieren will, versucht den Taten Gottes durch die Ableitung des Heilsgeschehens aus dem System beziehungsweise spekulativen Gedanken die Gesetzmäßigkeit des im betreffenden System Denkbaren aufzuzwingen. Sie versucht, Gott zu zwingen. Das Gesetz des göttlichen Handelns läßt sich jedoch ebensowenig wie dasjenige eines anderen freien Wesens von außen vollständig erschließen. Gott kann weder durch gute Werke noch durch machtvolles Denken und Eindringen in die Geheimnisse der Welt gezwungen werden, seine Geheimnisse zu enthüllen. In der Betonung der Einsicht, daß sich Gott nicht zwingen lasse, hat die Lutherische Rechtfertigungslehre eine bleibende Einsicht formuliert, die sich auch die spekulative Philosophie zu eigen machen muß. Für die Einsicht in die Grenzen der Vernunfterkenntnis Gottes kann exemplarisch Agrippa von Nettesheim stehen, der nach seiner Enttäuschung über die Unzulänglichkeit der okkulten Wissenschaften, das Wesen Gottes zu erkennen, *Die Eitelkeit und Unsicherheit der Künste und Wissenschaften* (1527) – so der Titel seines Hauptwerkes – in dieser Frage beklagte.

Wenn das Handeln Gottes in der Geschichte auch nicht deduziert oder spekulativ erschlossen werden kann, so heißt dies doch nicht, daß keinerlei Vernunfterkenntnis der Ereignisse der Menschwerdung Gottes und nur der schlichte Glaube an ihre Historizität möglich wäre. Die Ereignisse, die das Christentum überliefert, werden als singuläre Ereignisse und Taten Gottes berichtet. Von singulären Ereignissen ist aber keine allgemeine Theorie möglich. Sie könnten also nur als sie selbst genommen und ihre allgemeine Bedeutung nur geglaubt werden. Nun sind aber diese Ereignisse aus sich selbst heraus in ihrer allgemeinen Bedeutung nicht ohne Interpretation verständlich. Die Kirche gibt deshalb, so die Dogmatik, die authentische Interpretation dieser Ereignisse, und der Glaube an den Sinn der Ereignisse der Menschwerdung, des Todes und der Auferstehung Christi setzt nach der Dogmatik den Glauben daran, daß die Kirche als Gemeinschaft der Gläubigen die historischen Ereignisse authentisch interpretiert, voraus. Die Kirche überliefert in dieser Sicht die Offenbarung Gottes und offenbart den Gläubigen den Sinn der offenbarten Ereignisse.

Eine christliche Gnosis teilt im Gegensatz zum Gnostizismus die Überzeugung, daß das Denken die historischen Ereignisse der Bibel als Offenbarung Gottes anerkennen und aufnehmen muß und sie nicht durch spekulatives Denken „erzeugen" kann. Sie geht jedoch über den Offenbarungsglauben insofern hinaus, als sie der Überzeugung ist, daß die Erkenntnis oder „Gnosis" des Gehaltes dieser

Ereignisse im Inneren des Menschen möglich ist. Die Ereignisse des Christentums müssen als historische geglaubt und können im Inneren des Menschen analog erfahren werden.

## 7. Methode der Mystik

Nach Franz von Baader besteht die Eigenart der paulinischen Lehrmethode darin, daß sie von dem, was einmal in der äußeren Welt geschah, auf das Innere des Menschen und vom Inneren des Menschen auf das schließt, was einmal in der Geschichte geschah.[17] Man kann diese Methode der christlichen Gnosis auch die Methode der Mystik nennen. Die paulinische Methode, die „religiöse Philosophie" oder christliche Gnosis und Mystik gründen auf der Überzeugung, daß das, was einmal in der Geschichte geschah, auch fortwährend im Inneren des Menschen geschieht. Von einem Christus in uns kann daher der Gedanke an einen gewesenen und kommenden postuliert werden. Aus einem typischen Effekt wie demjenigen, daß Gott auch heute noch in uns geboren wird, gewinnt die Überzeugung, daß Gott in Christus als Mensch geboren wurde, mystische Beglaubigung und vertieften Sinn.

In eindrucksvoller Weise hat Johannes Tauler diese mystische oder paulinische Methode der Entsprechung von äußerem und innerem Ereignis dargestellt an der dreifachen Geburt Gottes in Gott, in der Welt und im Menschen. Tauler zieht die Singularität der Menschwerdung Christi in die Allgemeinheit der mystischen Geburt Gottes im Inneren des Menschen und zugleich in die innere Geburt Gottes, in Gott selbst hinein. In seiner Predigt zum Weihnachtstag lehrt er, daß am Weihnachtstag drei Messen gefeiert werden, die eine dreifache Geburt in der Christenheit feiern. Die erste und höchste Geburt ist diejenige, in der Gott seinen eingeborenen Sohn in göttlicher Wesenheit und in Unterscheidung der Personen gebiert. Die zweite Geburt ist die Geburt Christi durch Maria. „Die dritte Geburt besteht", so Tauler, darin, daß Gott alle Tage und alle Stunde in einer guten Seele mit Gnade und mit Liebe wahrhaft geistlich geboren wird.

Die erste Messe singt man in der finsteren Nacht, und sie hebt an: *Dominus dixit ad me: „filius meus es tu, ego hodie genui te"* (Ps 2,7). (Der Herr hat zu mir gesprochen: du bist mein Sohn, heute habe ich dich gezeugt).

Die zweite Messe hebt an: *Lux fulgebit hodie super nos* (Das Licht wird heute über uns erstrahlen), und diese hat den Glanz der vergotteten menschlichen Natur im Sinn; die Messe geht zum Teil in Finsternis, zum Teil bei Tage vor sich: so ist die Geburt zum Teil erkennbar, zum Teil unerkennbar.

Die dritte Messe singt man am klaren Tage, und die hebt an: *Puer natus est nobis et filius datus est nobis* (Der Knabe ist uns geboren und der Sohn ist uns gegeben), und sie deutet auf die liebreiche Geburt, die alle Tage und in allen Augenblicken in jeder guten, heiligen Seele geschehen soll und geschieht, wenn sie sich mit Aufmerksamkeit und mit Liebe dazu kehrt; denn soll sie diese Geburt in sich empfinden und ihrer gewahr werden, so muß das geschehen durch eine Einkehr und Rückkehr aller ihrer Kräfte.[18]

Taulers Predigt zeigt, daß die paulinische Methode der Entsprechung von äußerem und innerem Ereignis der Geburt Gottes in Christus und in jedem Menschen von der dogmatischen Spekulation scharf unterschieden ist. Es wird nicht aus dem allgemeinen Prinzip, daß Gott im Menschen geboren wird, geschlossen, daß Gott auch in äußerer menschlicher Gestalt sich offenbaren *mußte*. Die Singularität des historischen Christus wird nicht unter die Allgemeinheit eines Denkprinzips oder Naturgesetzes gezwungen. Eine innere Erfahrung erhellt vielmehr den Glauben an ein Bereits-Geschehen-Sein. Die innere Erfahrung erzeugt nicht den Glauben und beweist ihn auch nicht, sondern sie lehrt, den Glauben zu verstehen, und bestätigt ihn.

Das Auftreten des Singulären kann nicht erklärt und auch nicht durch die innere Erfahrung quasi in die Vergangenheit in dem Sinne „prognostiziert" werden, daß gesagt werden könnte: „Weil ich diese innere Erfahrung gemacht habe, muß Gott einmal Mensch geworden sein." Die Methode der Mystik oder mystischen Philosophie steht zwischen dem Fideismus als bloßem Glaubens- und Offenbarungsgehorsam und dem Gnostizismus als dogmatischer Spekulation und denkerischem „Gotteszwang". Sie ist als christliche Gnosis der Mittelweg zwischen beiden. Sie sucht den Glauben an die Offenbarung, den Glauben daran, *daß* etwas geschehen ist, mit der inneren Erfahrung und freien Einsicht in das, *was* geschehen ist, zu vereinigen.

Daß Gott historisch Mensch geworden ist, können wir nur glauben. Was diese Menschwerdung für uns bedeutet, können wir auch in einer inneren Erfahrung erahnen, wenn auch nicht klar und distinkt wissen. Die Ereignisse des Alten und Neuen Testamentes gehören nach Baader deshalb zur wahren, historisch verbürgten Geschichte der Menschheit, weil diese Ereignisse „sich in ihren Hauptmomenten in jedem einzelnen Menschen als so viele Momente seines inneren Lebens selbst wiederholen".[19]


## 8. Schöpfung

Dieses Gesetz der Wiederholung und Entsprechung von äußeren biblischen und inneren seelischen Ereignissen gilt auch für die Schöpfung. Von der Schöpfung können wir ein abbildliches Geschehen in unserem eigenen schöpferischen Prozeß erfahren. Ja, das schöpferische Wesen des Menschen erlaubt es, sogar auf das innere Leben Gottes, auf die Trinität, und auf ihr gemeinsames Wirken bei der Schöpfung eine Analogie zu wagen, wenn auch nicht die Schöpfung als ganze zu „erschließen".

Die Lehre von der Unterscheidung zwischen dem *Logos enthetos*, dem in Gott eingeborenen Wort und Sohn, und dem *Logos ekthetos* beziehungsweise *prophorikos*, dem in die Schöpfung ausgehenden Wort, wie sie oben für die Weisheitstradition und vor allem für Baader beschrieben wurde, denkt das Schöpfungswerk Gottes in Analogie zur schöpferischen Idee und Tätigkeit des Menschen. In jedem schöpferischen Werk verdoppelt sich die Idee dadurch, daß sich die ausgesprochene Idee von der Idee, die im Aussprechenden bleibt, ablöst. Die verwirklichte Idee trennt sich von demjenigen, der sie hervorbrachte, und bleibt zugleich in ihm

Schöpferisches Handeln bedeutet, ein endliches Werk als Verleiblichung, das heißt Gestaltwerdung der eigenen Idee aus sich herauszusetzen, so daß das Werk eine Existenz gewinnt, die partiell unabhängig von ihrem Erschaffer ist. Bereits am menschlichen Schaffen ist erkennbar, daß das Werk und die Idee in ihr eine relative Eigenständigkeit von ihrem Schöpfer gewinnen. So ist die Welt als Schöpfung Gottes sowohl eigenständig wie in der absoluten Macht Gottes. Am Prozeß des menschlichen Schaffens ist auch einsehbar, daß der schöpferischen Expansion, dem Heraussetzen des Werkes, eine innere Sammlung der geistigen und körperlichen Kräfte, eine innere Intensivierung oder Kontraktion, vorausgehen muß. Das menschliche Selbst muß sich erst sammeln, um schöpferisch expandieren zu können.

In der jüdischen mystischen Tradition oder Kabbala, in der Mystik Isaak Lurias wird deshalb auch folgerichtig angenommen, daß der Schöpfung der Welt eine freie Selbstkontraktion Gottes vorausgegangen ist. Der Schöpfer hat seine unendliche Anwesenheit und Raumerfüllung selbst frei beschränkt, um der Welt und dem Menschen in sich selbst Raum einzuräumen. Der Gedanke der Kontraktion Gottes, wie ihn Luria entwickelt hat, ist einer der großen Gedanken der Weltgeschichte und hat vielfach auf die christliche Gnosis gewirkt. In anderen Ansätzen der Mystik wird diese Selbstkontraktion Gottes auch als freiwilliges Opfer begriffen, weil jede schöpferische Tat ein Moment des Von-sich-selbst-Opferns enthält.

## 9. Spekulative Methode als spiegelnde Methode

Die Methode der Mystik oder paulinischen Gnosis ist die Methode, aus der inneren Anschauung und Selbsterfahrung des Menschen das biblische Heilsgeschehen zu verstehen und Gott als das Urbild zu begreifen, von welchem der Mensch das Abbild ist. Von der Schrift bestätigt wird diese anthropologische Methode des spekulativen Erkennens durch den Satz von *Genesis* 1,26: „Gott schuf den Menschen nach seinem Bilde, nach seinem Gleichnis schuf er ihn." Die spekulative Anthropologie der christlichen Gnosis sieht sich durch diesen Satz berechtigt, im Menschen Gott zu erkennen, weil der Mensch Abbild und Spiegel Gottes ist. Der Begriff des Spiegels besitzt hier eine besondere Bedeutung, weil der Begriff der spekulativen Erkenntnis von dem Grundwort *speculum* = lateinisch Spiegel abgeleitet ist. Der Mensch ist Spiegel Gottes und Analogiequelle nicht nur, wie Novalis sagte, des Weltalls, sondern auch des göttlichen Lebens.

Aus diesem Verständnis von spekulativer Erkenntnis enthüllt das Wort von 1 *Korinther* 12,12 seinen tiefen Sinn für die Philosophie. Paulus sagt: „Stückwerk ist unser Erkennen ... Denn jetzt schauen wir im Spiegel ein unklares Bild, dann aber von Angesicht zu Angesicht. Jetzt erkenne ich stückweise; dann aber werde ich erkennen, so wie auch ich erkannt bin". Spekulative Philosophie des Christentums kann nur in diesem paulinischen Sinn spekulativ sein, das heißt sie kann nur vom Menschen aus spiegelnd in jene Fragen eindringen, die über die Anschauung hinausgehen.

Kant hat gegen Hegel insofern recht, als wir für die Fragen nach Gott, nach dem Anfang der Welt und nach dem Ganzen der Geschichte keine Anschauung und daher keine sichere Erkenntnis haben. Hegel hat den Sinn von „Spekulation" dogmatisch mißverstanden und sein logisches Schema mit einer Theorie des Absoluten verwechselt. Andererseits hat Kant übersehen, daß wir im Spiegel unserer inneren Anschauung und im Abbild des Menschen mehr von Gott, dem Anfang und der Geschichte der Gesamtwirklichkeit erkennen können, als es der Kritizismus zuläßt.

Gegen Kant *und* Hegel gilt, was Schelling in seiner *Philosophie der Offenbarung* geschrieben hat:

Kant vor jetzt 50 Jahren glaubte das ganze Gebiet des menschlichen Erkenntnisvermögens durchmessen und erschöpft zu haben; später hat man das ganze Reich des Begriffs und aller möglichen Begriffsbewegungen mit logischem Cirkel umschreiben wollen. Sieht man genauer zu, so finden sich nur oben jene Begriffe umfaßt, welche durch die damalige zufällige Weltsicht gegeben waren ... Dieß mag als Warnung dienen gegen jedes voreilige Abschließen der Philosophie und das Großthun damit.[20]

Die spekulative Philosophie ist als christliche Gnosis die Vereinigung von christlicher Religion und Philosophie. Durch ihr Prinzip der Spekulation und ihren anthropologischen Standpunkt transzendiert sie die Trennungen von Philosophie und christlicher Religion, ohne ihre Unterscheidung zu leugnen oder aufzuheben.

Die Methode der Mystik und inneren Anschauung behauptet gegenüber der Offenbarungsreligion und der kirchlichen Autorität ein stärkeres Moment der Freiheit des Individuums, weil sie die innere Anschauung und Erfahrung als Quelle religiöser Erkenntnis anerkennt. Von der mystischen Subjektivität geht eine Verbindungslinie bis zur Vernunftautonomie der Aufklärung.[21] Aber die mystische Freiheit ist nicht mit dem modernen und gnostizistischen Gedanken absoluter Freiheit und Autonomie identisch. Das Ich der mystischen Philosophie ist nicht autonom, gerade weil es sich, wenn es sich als teilhabend am göttlichen Selbst versteht, auch als unter dem Gebot Gottes stehend begreifen muß.

Die christliche Gnosis und Mystik gewinnt unter Bedingungen der Postmoderne besondere Bedeutung als Brücke zwischen dem christlichen Glauben und der säkularen Kultur der Moderne, weil sie die einseitige Frontstellung von kirchlicher Autorität und moderner Vernunftautonomie überwindet. Die christliche Gnosis transzendiert den durch die moderne Idee der Vernunftautonomie aufgerissenen Gegensatz zwischen kirchlicher Autorität und subjektiver religiöser Erkenntnis. Für die christliche Gnosis ist seit der deutschen Mystik des Mittelalters die kirchliche Autorität nicht der einzige Weg zur religiösen Erkenntnis, der Mensch aber auch nicht autonom in der spekulativen Gotteserkenntnis. Nach der paulinischen Lehr- und Erkenntnismethode müssen vielmehr kirchliche Lehre und innere Anschauung des Menschen zusammenkommen. Der Glaube an die Singularität der Historie der Menschwerdung Gottes muß mit der mystischen Wiederholung des Heilsgeschehens im Herzen des Menschen vereinigt werden. *Philosophia mystica fit intra ecclesiam.*

Die dogmatische Spekulation des modernen Gnostizismus folgt aus der Annahme der Aufklärung, daß die Vernunft autonom sei und die Wahrheit allein aus sich und der Erfahrung erzeugen könne. Die moderne Spekulation transzendiert die Grenzen der Anschauung und sucht sich der Wahrheit ihrer Theorie mangels Überprüfbarkeit durch Anschauung durch den Gedanken des Systems zu versichern. Das „System", das der moderne Philosoph autonom aus sich erschafft, garantiert ihm in seiner Geschlossenheit die Wahrheit des von ihm geschaffenen Gedankengebäudes. Das System gründet auf dem originellen Gedanken oder Grundsatz seines Schöpfers, die Geschlossenheit seines Systems wird ihm zum Beweis der Richtigkeit seiner Theorie. Die Geschlossenheit des Systems kann jedoch auch nur die Geschlossenheit des Gefängnisses eines einsamen Geistes sein. Systemphilosophie und moderne Subjektivität gehören zusammen. Der autonome Philosoph der Moderne fühlt sich nicht an den Solidarcharakter der Vernunft und den Überlieferungszusammenhang der Tradition gebunden. Er macht seine Originalität als Neuschöpfer gegen die Klassizität des Dogmas und der Tradition geltend.

Die christliche Gnosis begreift sich dagegen als Teil der religiösen Tradition und erkennt, daß die spekulative Erkenntnis nicht die Form des autonom geschaffenen Systems haben kann, sondern angewiesen ist auf die Offenbarung und auf die Solidarität der Überlieferung und der Denkbemühungen der Jahrtausende, die am Bau der christlichen Dogmatik mitgearbeitet haben.

Die Philosophie des Christentums kann nicht auf einen Grundsatz aufbauend ein System errichten und sich durch das System ihrer Wahrheit versichern. Sie gründet auch nicht auf einer einzigen Methode, sei sie die logische oder historische. Ein wesentliches Prinzip der christlichen Gnosis und Philosophie ist vielmehr nach Gregor von Nyssa die *akoluthia*, die Folgerichtigkeit und Kohärenz des religiösen Glaubens und Wissens. Der griechische Begriff der *akoluthia* bedeutet nicht allein die logische oder systematische Folgerichtigkeit, sondern beinhaltet auch die Folgerichtigkeit und Kohärenz verschiedener Seinsebenen und Erkenntnisquellen. *Akoluthia* bezeichnet die Folgerichtigkeit des Textes der Bibel, die notwendige Verbundenheit der Ereignisse und Realitäten der Heilsgeschichte und die Kohärenz dieser beiden Ebenen des Textes und der Geschichte.[22] Auch Origenes hatte bereits vor Gregor die *akoluthia* als das Prinzip der Verknüpfung der Sätze seiner philosophischen Gnosis bezeichnet.

Die *akoluthia*, die Kohärenz der christlichen Gnosis fordert eine durchgehende Verknüpfung und Konkordanz von Schrifttext, Heilsgeschichte und spekulativer Philosophie. In diesem Sinne der Übereinstimmung von Überlieferung, Historie und philosophischer Spekulation ist auch die christliche Gnosis System. Aber sie verdankt ihre Wahrheit nicht ihrem Systemcharakter und ihrer intellektuellen Konsistenz, sondern der Konkordanz von Tradition, Geschichte und philosophischem Denken. An der Vergegenwärtigung und Vertiefung dieser *akoluthia*, an der Konkordanz von Schrift, Tradition und philosophischer Spekulation zu arbeiten, ist die Aufgabe der spekulativen Philosophie und Gnosis seit den Kirchenvätern und bleibt ihre Aufgabe auch unter den Bedingungen der Postmoderne.

# Anmerkungen

1  A. TOYNBEE, Study of History, London 1954, 235. Vgl. zur Bestimmung der Moderne M. CALINESCU, Faces of Modernity. Avantgarde, Decadence, Kitsch, Bloomington-London 1977 und H. R. JAUSS, Ursprung und Bedeutung der Fortschrittsidee in der „Querelle des Anciens et des Modernes", in: H. KUHN/F. WIEDMANN (Hg.), Die Philosophie und die Frage nach dem Fortschritt, München 1964, 51ff und H. R. JAUSS, Literarische Tradition und gegenwärtiges Bewußtsein der Modernität, in: H. R. JAUSS, Literaturgeschichte als Provokation, Frankfurt 1970, 11ff.

2  Vgl. die entsprechenden Arbeiten von R. SPAEMANN, H. BLUMENBERG und D. HENRICH, in: H. EBELING (Hg.), Subjektivität und Selbsterhaltung. Beiträge zur Diagnose der Moderne, Frankfurt 1976, und A. KOYRÉ, Von der geschlossenen Welt zum unendlichen Universum, Frankfurt 1969. Original: From the Closed World to the Infinite Universe, Baltimore 1957.

3  N. GEORGESCU-ROEGEN, Energy and Economic Myths. Institutional and Analytical Essays, New York 1976, 3ff; D. und D. MEADOWS, Die Grenzen des Wachstums – ein Bericht des Club of Rome zur Lage der Menschheit, Stuttgart 1972. Vgl. P. KOSLOWSKI, Energie, in: Staatslexikon, Freiburg i. Br. $^7$1986, Band 2, 247 – 253.

4  F. HIRSCH, Die sozialen Grenzen des Wachstums, Hamburg 1980. Original: Social Limits to Growth, Cambridge Mass. 1976. Vgl. zu den kulturellen Grundlagen der Wirtschaft P. KOSLOWSKI, Wirtschaft als Kultur. Wirtschaftskultur und Wirtschaftsethik in der Postmoderne, Wien 1989 ( = Edition Passagen 27).

5  J. HABERMAS, Die Moderne – ein unvollendetes Projekt, in: Kleine politische Schriften, Frankfurt 1981. Neuestens: J. HABERMAS, Der philosophische Diskurs der Moderne. Zwölf Vorlesungen, Frankfurt 1985.

6  J. HABERMAS, Der Eintritt in die Postmoderne, in: Merkur 421, 1983, 752. Vgl. zur Kritik an Habermas H. HESSE, Widersprüche der Moderne. Einwände gegen Habermas' Konzept kommunikativer Rationalität,

in: G. GAMM (Hg.), Angesichts objektiver Verblendung über die Paradoxien Kritischer Theorie, Tübingen 1985, 252ff.

7 Schon zwischen 1785 und 1790 beklagen Autoren die Vieldeutigkeit des Begriffs „Aufklärung", so J. M. SAILER: „Aufklärung, ein Wort, das in unseren Tagen … so schwankend geworden ist, daß man es ohne Gefahr mißverstanden zu werden kaum mehr aussprechen darf." (zitiert nach N. HINSKE, Aufklärung, in: Staatslexikon, Freiburg i. Br. ⁷1985, Band 1, Sp. 393).

8 Vgl. zu diesem Topos bei Adorno P. BÜRGER, Das Altern der Moderne, in: Adorno-Konferenz 1983, hrsg. von L. v. FRIEDEBURG und J. HABERMAS, Frankfurt 1983, 177–197.

9 J. G. FICHTE, Grundlage der gesammten Wissenschaftslehre (1794), Nachdruck von Fichtes Werke, hrsg. v. I. H. FICHTE, Berlin 1971, Band 1, 197.

10 J. G. FICHTE, Die Wissenschaftslehre (1812), ebenda Band 10, 342. Vgl. zum Ich als Bild des absoluten Ich, ebenda 484.

11 J.-F. LYOTARD, Rapport sur le savoir, Paris 1979. Vgl. den Besprechungsessay von A. HONNETH, Der Affekt gegen das Allgemeine. Zu Lyotards Konzept der Postmoderne, in: Merkur 430, 1984, 893–902.

12 Vgl. P. KOSLOWSKI, Maximum Coordination of Entelechial Individuals: The Metaphysics of Leibniz and Social Philosophy, in: Ratio 27, 1985, 160–177.

13 Vgl. R. GRIMMINGER, Heimsuchungen der Vernunft, in: Merkur 439/40, 1985, 842–858.

14 PLATO, Timäus 17a.

15 F. SCHLEGEL, Philosophische Fragmente, Erste Epoche. III. 1800. 2. Fragm.-Nr. 585, Kritische Ausgabe (KA), hrsg. v. E. BEHLER, München-Zürich 1963, Band 18, 174.

16 So R. M. GRANT, Gnosticism and Early Christianity (1959), New York ²1966.

17 So J. TAUBES, Einleitung. Das stählerne Gehäuse und der Exodus daraus oder ein Streit um Marcion, einst und heute, in: Gnosis und Politik, hrsg. v. J. TAUBES, Religionstheorie und politische Theologie Band 2, München-Paderborn 1984, 15.

18 Zitiert nach G. SCHIWY, Poststrukturalismus und „Neue Philosophen", Hamburg 1985, 19f.

19 An dieser Stelle wird noch nicht zwischen christlicher Gnosis und Gnostizismus unterschieden, eine Unterscheidung, die für das Verständnis der Moderne *und* der spekulativen Philosophie seit dem Deutschen Idealis-

mus unabdingbar ist. Vgl. hierzu unten Kapitel 3 und 6.

20 Vgl. J.-F. LYOTARD u. a., Immaterialität und Postmoderne, Berlin 1985.

21 R. BARILLI, F. IRACE, F. ALINOVI, Una generazione postmoderna: i nuovi-nuovi, la postarchitettura, la performance vestitia, Milano 1982.

22 H. KLOTZ, Einleitung zu: H. KLOTZ (Hg.), Revision der Moderne. Postmoderne Architektur 1960–1980, München 1984, 8. Vgl. auch: P. PORTOGHESI, Ausklang der modernen Architektur: von der Verödung zur neuen Sensibilität, Zürich 1982. Original: Dopo l'architettura moderna, Roma 1980.

23 Vgl. François BURKHARDT, in: LYOTARD u. a., Immaterialität und Postmoderne, 28.

24 Vgl. auch R. MAURER, Staat, Gesellschaft, Gesellschaftsreligion, in: P. KOSLOWSKI (Hg.), Die religiöse Dimension der Gesellschaft. Religion und ihre Theorien, Tübingen 1985, 107.

25 E. JÜNGER, Auf den Marmorklippen, Hamburg 1941, 106.

26 Vgl. J.-F. LYOTARD, Beantwortung der Frage: Was ist postmodern?, in: Tumult 4, 1982, 131–142.

27 Vgl. Ch. JENCKS, Introduction, in: Post-Modern Classicism. The New Synthesis, Architectural Design, guest-edited by Charles JENCKS, London 1980, 5.

28 F. SCHLEGEL, Vom Wert des Studiums der Griechen und Römer (1795–96), KA 1, 636.

29 F. SCHLEGEL, Über das Studium der griechischen Poesie (1795–97), KA 1, 332.

30 F. SCHLEGEL, Lyceum. Kritische Fragmente (1797), KA Band 2, 152. Vgl. zur Kritik SCHLEGELS an der Moderne im engeren Sinne als Zeit seiner Gegenwart: Über das Studium ..., KA 1, 256: „Der Gang der modernen Bildung, der Geist unseres Zeitalters und der Deutsche Nationalcharakter insbesondere scheinen der Poesie nicht sehr günstig! – Wie geschmacklos sind doch, könnte vielleicht mancher denken, alle Einrichtungen und Verfassungen; wie unpoetisch alle Gebräuche, die ganze Lebensart der Modernen! Überall herrscht schwerfällige Formalität ohne Leben und Geist, leidenschaftliche Verwirrung und häßlicher Streit. Umsonst sucht mein Blick hier eine freie Fülle, eine leichte Einheit."

31 A. WELLMER, Zur Dialektik von Moderne und Postmoderne, Frankfurt 1985, 88.

32 R. GUARDINI, Das Ende der Neuzeit, Basel 1950, 94.

33 M. FOUCAULT, Die Ordnung des Diskurses, München 1974.

34  GUARDINI, Das Ende der Neuzeit, 107.

35  Ebenda 101.

36  Vgl. W. SCHIRMACHER, Post-Moderne – ein Einspruch, in: Konkurs-buch 2, 1983, 9–13, und: J. BAUDRILLARD u. a., Der Tod der Moder-ne. Eine Diskussion, Tübingen 1983, 99ff.

37  Franz von BAADER, Über die Behauptung: dass kein übler Gebrauch der Vernunft sein könne (1807), Sämtliche Werke, hrsg. v. F. HOFFMANN u.a., Leipzig 1855, Nachdruck Aalen 1983, Band 1, 38.

## 2. Kapitel

1  Walker PERCY, The Last Gentleman, New York 1966. Zitiert nach der amerikanischen Ausgabe. Warum die deutsche Ausgabe, übersetzt von Peter HANDKE, bei Suhrkamp in Frankfurt am Main 1985 unter dem Titel „Der Idiot des Südens" herauskommen mußte, ist mir trotz Hand-kes ausführlicher Begründung und seines Hinweises auf DOSTOJEWSKIS „Der Idiot" nicht deutlich geworden.

2  W. PERCY, The Second Coming, New York 1980.

3  W. PERCY, Love in the Ruins. The Adventures of a Bad Catholic at a Time Near the End of the World, New York 1971. Deutsche Überset-zung von Hanna MUSCHG, Frankfurt 1974, unter dem Titel „Liebe in Ruinen. Die Abenteuer eines schlechten Katholiken kurz vor dem Ende der Welt". Zitiert wird nach der deutschen Ausgabe.

4  W. PERCY, Lancelot, New York 1977. Deutsche Übersetzung von G. STEGE unter gleichem Titel, München 1978. Zitiert wird nach der deut-schen Ausgabe, die Übersetzung zum Teil modifiziert.

5  Vgl. auch: „He tried and even imagined he believed it – again for the very outlan-dishness of it, taking for his own a New York Episcopal view of an Anglican view of a Roman view of a Jewish Happening. Might it not be true for this very reason? Could anybody but God have gotten away with such outlandishness, contriving to have rich Long Island Episcopalians who if they had no use for anything had no use for Jews, worship a Jew?" (The Second Coming 180f).

6  „Whereas and in fact my problem is how to live from one ordinary minute to the next on a Wednesday afternoon. Has not this been the case with all ‚religious' people?" (The Last Gentleman 354f).

7  W. PERCY, The Moviegoer, New York 1960. Deutsch von Peter HANDKE unter dem Titel „Der Kinogeher", Frankfurt 1980, Neuaus-gabe ebenda 1986, zitiert nach der deutschen Ausgabe von 1980.

8 W. Percy, Lost in the Cosmos. The Last Self-Help Book, New York 1983.

9 *„Problems were for solving. Perhaps they, the scientists, were not serious. For if people solved the problems of cancer and war, what would they do then?"* (The Second Coming 269).

10 „Ein rechter Rupert-Brooke-Jüngling war ich. O verschrobene englische Seele. Irgendwo hat sie eine fast tödliche Injektion Romantizismus abgekriegt. Das ist es auch, was meinen Vater umgebracht hat: der englische Romantizismus (und die 1930er Wissenschaft). Ein Satz für mein Notizheft: 'Erforsche die Verbindung zwischen Romantizismus und wissenschaftlicher Objektivität'. Wird ein wissenschaftsgläubiger Mensch zum romantischen Poseur, weil er von der Wissenschaft im Stich gelassen wird?" (Der Kinogeher 90).

11 *„The present-day unbeliever is crazy because he finds himself born into a world of endless wonders, having no notion how he got here ... and is quite content to have it so ... On the contrary. The more intelligent he is, the crazier he is and the bigger an asshole he is. He becomes a professor and forms an interdisciplinary group."* (The Second Coming 220).

12 *„Pascal, who was the last French intellectual who was not insane ... The trouble with Pascal's wager is its frivolity ... No more tricks! No more deus absconditus! Come out, come out, whereever you are, the game's over ... My experiment is simply this: I shall go to a desert place and wait for God to give a sign. If no sign is forthcoming I shall die ... My suicide will represent progress in the history of suicide."* (The Second Coming 222ff).

13 Vgl. gnostische Elemente in Lancelot: „Ihr (Katholiken) wart diesem Geheimnis auf der Spur, mit eurer Doktrin der Erbsünde, aber ihr habt es auf den Kopf gestellt. Die Erbsünde ist nicht etwas, was der Mensch Gott angetan hat, sondern etwas, was Gott dem Menschen angetan hat, so ungeheuerlich, daß der Mensch bis heute noch nicht begreifen kann, was ihm da zugestoßen ist ... Das große Geheimnis aller Zeiten ist, daß der Mensch sich nur zu einem Zweck, zu einem einzigen Zweck entwickelt hat, geboren wird, lebt und stirbt: um einen anderen Menschen sexuell zu attackieren oder sich dieser Attacke zu unterwerfen ... Von den drei Millionen Spezies auf der Welt ist das Menschenweibchen das einzige, das in der Lage ist, ununterbrochen im Brunststadium zu sein, einen Orgasmus zu haben und bei der Liebe dem Männchen das Gesicht zuzuwenden ... Der Mensch war bisher nur anständig, weil er überarbeitet war." (Lancelot 262f).

155

## 3. Kapitel

1 Mt. 24,36: „Jenen Tag aber und jene Stunde weiß niemand, auch nicht die Engel des Himmels, auch nicht der Sohn, nur der Vater allein."

2 Vgl. auch „Thirtieth Anniversary Issue. Essays on the Crisis of Modernity", Modern Age. A Quarterly Review 31, 1987, Nr. 3–4; und P. KOSLOWSKI, Die postmoderne Kultur, München 1987, ²1988.

3 Th. MANN, Joseph und seine Brüder, Erster Band: Die Geschichte Jaakobs. Der junge Joseph (1933), Frankfurt 1967, 20.

4 J.-F. LYOTARD, Das postmoderne Wissen, Wien 1986 (= Edition Passagen 7), 14. Original: La condition postmoderne, Paris 1979.

5 H. HEINE, Werke und Briefe 7, 127. Zitiert nach D. STERNBERGER, Heinrich Heine und die Abschaffung der Sünde, Baden-Baden 1976, 260.

6 J.-F. LYOTARD, Das postmoderne Wissen, 109.

7 LYOTARD stimmt in der Diagnose der Gegenwart als Polytheismus, nicht aber im Lob des Polytheismus mit MARQUARD überein. Diese Differenz markiert das kritische Potential einer supermodernen Postmoderne gegenüber einer polymythischen, postmodernen Moderne, wie sie bei MARQUARD und WELSCH vorliegt. Vgl. J.-F. LYOTARD, Philosophie und Malerei im Zeitalter ihres Experimentierens, Berlin 1986, 61 und 67. Original: La philosophie et la peinture à l'ère de leur expérimentation, in: Rivista di estetica 9, Torino 1981. LYOTARD sieht die Ähnlichkeit zwischen der modernen Situation und der heidnischen Situation der Griechen darin, daß das Recht nicht mehr „letztbegründet" ist, sondern in und mit den widerstreitenden Ansprüchen der Götter selbst im Widerstreit steht, so in J.-F. LYOTARD, J.-L. THÉBAUD, Au Juste. Conversations, Paris 1979, 34f. Vgl. auch O. MARQUARD, Lob des Polytheismus. Über Monomythie und Polymythie, in: O. MARQUARD, Abschied vom Prinzipiellen. Philosophische Studien, Stuttgart 1981, und W. WELSCH, Unsere postmoderne Moderne, Weinheim 1987, 40.

8 J. TAUBES, Einleitung, in: J. TAUBES (Hg.), Gnosis und Politik, München-Paderborn 1984.

9 Th. CARLYLE, Sartor Resartus. The Life and Opinions of Herr Teufelsdröckh (1838), London 1903, S. 220–230.

10 Vgl. M. H. ABRAMS, Natural Supernaturalism. Tradition and Revolution in Romantic Literature, New York 1971. ABRAMS wendet CARLYLES Begriff des natürlichen Übernaturalismus auf die Romantik

als ganze an. Ich möchte ihn, ausgehend von der Einsicht in die Verwandtschaft von Gnostizismus und Romantik, vor allem auf den Gnostizismus beziehen, für den er noch zutreffender ist als für die Romantik.

11 Vgl. die für LYOTARD entscheidende Frage „Geschieht es?" in: J.-F. LYOTARD, Der Widerstreit, München 1987, 140, 264, 299 und öfter. Original: Le différend, Paris 1983.

12 LYOTARD, Der Widerstreit, 226: „Sind wir nicht-modern wegen der Inkommensurabilitäten, Heterogenitäten etc.? Erzählen wir uns nicht diejenige Erzählung vom Ende der Erzählungen." Vgl. auch ebenda 78, 152, 226, 235, 264.

13 LYOTARD, Der Widerstreit, 233: „Nicht weil die Menschen bösartig wären, sind ihre Interessen und Leidenschaften antagonistisch. Ebenso wie das Nicht-Menschliche – die Tiere, die Pflanzen, die Götter, Gott und die Engel, die Außerirdischen, die Jahreszeiten, die Gezeiten, Regen und Schönwetter, die Pest und das Feuer – werden die Menschen in Regelsystemen von heterogenen Sätzen situiert und von Spieleinsätzen aus heterogenen Diskursarten in Anspruch genommen."

14 Vgl. LYOTARD, Der Widerstreit, 236f.: „Bataille ermangelt es an chassidischem oder heidnischem (sie sind nicht das selbe, ich weiß) Humor im Empfang des ‚Ereignisses'. Die Regentschaft des Gefühls, das mit dem Opfer oder dem ‚Dienst' (Heidegger, 1933:15) verbunden ist und vom Widerstreit verlangt würde, propagiert eine Politik falscher Übermenschen. Mit der Verhätschelung des Ereignisses veranstaltet man ein großes Kasperltheater."

15 J. DERRIDA, Die Schrift und die Differenz, Frankfurt 1985, 389.

16 G. BATAILLE, La littérature et le mal, Paris 1957, 228. Vgl. DERRIDA, Die Schrift und die Differenz, 401ff.

## 4. Kapitel

1 K. MICHALSKI (Hg.), Über die Krise, Castelgandolfo-Gespräche 1985, Stuttgart 1986.

2 M. HEIDEGGER, Die Zeit des Weltbildes (1938), in: M. HEIDEGGER, Holzwege, Frankfurt [5]1972, 69–104.

3 Zitiert nach E. BLOCH, Das Prinzip Hoffnung, Frankfurt 1959, 1431.

4 Ebenda 1430.

5 Ebenda 498.

6 Ebenda 1431.

7 H. JONAS, Gnosis und spätantiker Geist, Göttingen 1934, ³1964, Band 1, 218.

8 Mitteilung von A. BUTENANDT in einem Interview mit dem Verfasser für das ZDF (1986). – Vgl. zur Rolle der Fiktion bei der Herstellung möglicher wissenschaftlicher Welten N. GOODMAN, Ways of Worldmaking, Hassocks 1978.

9 Vgl. auch P. KOSLOWSKI, Die postmoderne Kultur.

10 Vgl. J. BAUDRILLARD, Der symbolische Tausch und der Tod, München 1982, und J. BAUDRILLARD u.a., Der Tod der Moderne. Eine Diskussion, Tübingen 1983.

11 Vgl. R. BARTHES, Mythen des Alltags (1957), Frankfurt 1964, 79: „Plastik ... wesentlich eine alchimistische Substanz ... magische Operation par excellence, die Umwandlung der Materie ... weniger eine Substanz als vielmehr die Idee ihrer endlosen Umwandlung ... eine plötzliche Konvertierung der Natur."

12 Vgl. zum Begriff Doketismus unten 6. Kapitel, 2. Abschnitt, 129ff.

13 R. GUARDINI, Erscheinung und Wesen der Romantik, in: Romantik. Ein Zyklus Tübinger Vorlesungen, hrsg. v. Th. STEINBÜCHEL, Tübingen 1948, 237, Anm.: „Nimmt man diese (die Gnosis) in der ganzen Fülle ihrer Erscheinungen, auch der mittelalterlichen und neuzeitlichen, so fühlt man sich manchmal versucht, die Romantik zu ihr in Beziehung zu bringen."

14 Vgl. zur Unterscheidung von Gnosis und Gnostizismus auch P. KOSLOWSKI, Gnosis und Gnostizismus in der Philosophie. Systematische Überlegungen, in: P. KOSLOWSKI (Hg.), Gnosis und Mystik in der Geschichte der Philosophie, Zürich 1988, 368–399.

15 F. v. BAADER, Ueber die Nothwendigkeit einer Revision der Wissenschaft natürlicher, menschlicher und göttlicher Dinge (1841), in: Sämtliche Werke, hrsg. v. F. HOFFMANN u.a., Leipzig 1855, Nachdruck Aalen 1963, Band 10, 260.

16 E. BLOCH, Das Prinzip Hoffnung, Frankfurt 1959, 922.

17 Ebenda.

18 Ebenda 923.

19 Vgl. ebenda 1575: „Ja selbst bei einem so antijakobinischen Philosophen wie Franz von Baader findet sich folgende, mit Jenseiterei nur gemengte, nicht erschöpfte Konsequenz der Welterzeugung (contra fertig geordnete Gelungenheit): 'Es ist ein Grundvorurteil der Menschen, zu glauben, daß das, was sie eine künftige Welt nennen, ein für den Menschen erschaffenes und vollendetes Ding sei, das ohne ihn besteht wie ein gebau-

tes Haus, in welches der Mensch nur einzugehen braucht, während doch jene Welt ein Gebäude ist, dessen Erbauer er selber ist und welches nur mit ihm erwächst'" (Werke, 1851–60, Band 7, 18).

20  E. BLOCH, Das Materialismusproblem, seine Geschichte und seine Substanz, Frankfurt 1972, 263–265.

21  H. BLUMENBERG, Säkularisierung und Selbstbehauptung. Neuausgabe von „Die Legitimität der Neuzeit", erster und zweiter Teil, Frankfurt 1974, 144.

22  F. NIETZSCHE, Nachlaß Frühjahr 1884, 25 [290].

23  Vgl. meinen Beitrag „Franz von Baader. Spekulative Dogmatik als christliche Gnosis", in: P. KOSLOWSKI (Hg.), Gnosis und Mystik in der Geschichte der Philosophie, Zürich 1988, 243–259, besonders 253–256.

24  CLEMENS ALEXANDRINUS, Stromateis, Buch II, c. 8.

## 5. Kapitel

1  Vgl. P. KOSLOWSKI (Hg.), Gnosis und Mystik in der Geschichte der Philosophie, Zürich 1988. – Es ist zu betonen, daß der Begriff „Theosophie" hier im spezifischen Sinn der Weisheitstradition verwendet wird und von dem allgemeinen Religionssynkretismus der „Theosophischen Gesellschaft" des 19. Jahrhunderts streng unterschieden werden muß.

2  Louis-Claude de SAINT-MARTIN, Tableau Naturel des Rapports qui existent entre Dieu, l'Homme et l'Univers, Edimbourg 1782, 2e partie, 211, in: Oeuvres Majeures, hrsg. von R. AMADOU, Hildesheim 1980, Band 2, 211. Es gibt eine etwas gekürzte, gute Fassung in deutscher Sprache, übersetzt von A. W. SELLIN, unter dem Titel „Über das natürliche Verhältnis zwischen Gott, dem Menschen und der Welt", Konstanz-Leipzig 1919.

3  Vgl. A. SMITH, The Theory of Moral Sentiments (1759), hrsg. von E. G. WEST, Indianapolis 1976, 312: „The pleasure which we are to enjoy ten years hence interests us so little in comparison with that which we may enjoy to-day; the passion which the first excites is naturally so weak in comparison with that violent emotion which the second is apt to give occasion to, that the one could never be any balance to the other, unless it was supported by the sense of propriety." Vgl. auch P. KOSLOWSKI, Prinzipien der Ethischen Ökonomie, Tübingen 1988, 54ff.

4  Vgl. „Prediger" 1,12 und 12,12.

5  SAINT-MARTIN, Tableau Naturel, 212.

6  Ebenda 121.

7  So R. AMADOU, Introduction à Saint-Martin, Tableau Naturel, 5*.

8  „Sprüche" 9,1.

9  F. Ch. OETINGER, Biblisches und Emblematisches Wörterbuch, ²1776, Nachdruck Hildesheim 1987, 132.

10  Vgl. P. DEGHAYE, Jakob Böhmes Theosophie: die Theophanie in der ewigen Natur, und L. WENZLER, Mystik und Gnosis bei Wladimir Sergejewitsch Solowjew, in: P. KOSLOWSKI (Hg.), Gnosis und Mystik in der Geschichte der Philosophie, Zürich 1988, 151–167 und 296–313.

11  F. v. BAADER, Fermenta Cognitionis, 6. Heft (1825), Sämtliche Werke, Band 2, 427 Anm.

12  Die obere Weisheit (Sophia) wird Binah, die untere Weisheit Malchuth oder Schechina, untere Mutter, Weisheit Salomons oder Spiegel Gottes genannt. Vgl. F. MOLITOR, Philosophie der Geschichte oder über die Tradition, Münster 1834 und 1839, Band 2, 259 und Band 3, 259.

13  Vgl. G. SCHOLEM, Die jüdische Mystik in ihren Hauptströmungen (1957), Frankfurt 1980, 303f.

14  IRENÄUS, Adversus haereses II 12,1 und 3; 13,7.

15  H. JONAS, Gnosis und spätantiker Geist, Teil 1: Die mythologische Gnosis (1934), Göttingen ³1964, Teil 2/1: Von der Mythologie zur mystischen Philosophie, Göttingen 1954.

16  IRENÄUS II 18,7.

17  Vgl. Harald BLOOM, Lying Against Time: Gnosis, Poetry, Criticism, in: Bentley LAYTON (Hg.), The Rediscovery of Gnosticism, Band 1: The School of Valentinus, Leiden 1980, 57–72, hier 60.

18  Die hegelianischen Konnotationen des tragischen Systems des Valentinianismus können hier nur angedeutet werden.

19  E. M. CIORAN, Die verfehlte Schöpfung, Frankfurt 1979, 101. Vgl. auch E. M. CIORAN, Der Baum des Lebens, in: Antaios 4, 1963, 263: „Was ist von einer Laufbahn anderes zu erwarten, die mit einem Verstoß gegen die Weisheit begann, mit einer Treulosigkeit gegen die Gabe der Unwissenheit, die der Schöpfer uns hatte zuteil werden lassen."

20  SAINT-MARTIN, Tableau Naturel, 101.

21  E. M. CIORAN, Über das reaktionäre Denken, Frankfurt 1980, 37.

22  SCHELLING, Die Weltalter, in: Werke, hrsg. v. M. SCHRÖTER, München 1965, Band 4, 580. Vgl. aber auch den späten SCHELLING, Philosophie der Offenbarung, Werke, Band 6, 684ff., und unten, 147.

23  Vgl. F. v. BAADER, Speculative Dogmatik, 1. Heft (1828), Band 8, 163: „Es ist nicht zu leugnen, dass Hegel sich vor dem Begriffe des Schöpfers

und Geschöpfes darum scheut, weil er ihn nicht zu erklären vermag."

24 Vgl. OETINGER, Biblisches und Emblematisches Wörterbuch, 489: „Nun wollen die idealistischen Weltweisen das Wort Geburten gar nicht leiden."

## 6. Kapital

1 CLEMENS ALEXANDRINUS, Stromateis, Buch 6, c. 17, § 154.

2 LAKTANZ, Divinae Institutiones 3, 9, 17.

3 Rudolf ROCHOLL, Beiträge zu einer Geschichte deutscher Theosophie. Mit besonderer Rücksicht auf Molitor's „Philosophie der Geschichte", Berlin 1856, 7, nennt die „christliche Philosophie im großen Style Theosophie ..., welche das Kreuz zum Mittelpunkte einer Himmel und Erde, Geist und Natur umfassenden Geschichte machte." Vgl. auch ebenda: „Beginnend mit der Apotheose des Zweifels, der falschen Voraussetzungslosigkeit und Genialität, ihre Lehrgebäude auf den Grund des natürlichen Menschen setzend statt auf den des in Christo erlösten, hat sie (die Philosophie), trotz aller Erndten kläglicher Sprachenverwirrung im eigenen Hause und taumelnder Umstürze im Völkerleben, ihre große Tragödie und Parodie des Heiligen bis in unsre Tage fortgespielt – eine Häresie großartigen Zuschnittes, verschuldet von der gesammten Kirche, welche nur dadurch eine ungöttliche, emanzipierte Philosophie hervorzurufen im Stande war, daß sie sich ihrerseits von den höchsten Fragen, von der Theosophie emanzipiert hatte."

4 F. v. BAADER, Vorlesungen über religiöse Philosophie (1827), Sämtliche Werke, Band 1, 308.

5 SCHELLING, Über Offenbarung und Volksunterricht (1798), Werke, hrsg. v. K.F.A. SCHELLING, Stuttgart 1856–67, Band 1, 475ff.

6 Vgl. P. KOSLOWSKI, Hegel – der Philosoph der Trinität? Zur Kontroverse um seine Trinitätslehre, in: Theologische Quartalschrift 162, 1982, 105–131.

7 Vgl. P. KOSLOWSKI, Gnosis und Gnostizismus in der Philosophie. Systematische Überlegungen, in: P. KOSLOWSKI (Hg.), Gnosis und Mystik in der Geschichte der Philosophie, 368–399. – Vgl. zur Geschichte und Theorie des Verhältnisses von Mystik und Philosophie K. ALBERT, Mystik und Philosophie, in: K. ALBERT, Philosophie der Philosophie, Sankt Augustin 1988, 209–428, und NISHIDA KITARŌ, Über das Gute, Frankfurt a. M. 1989.

8 TERTULLIAN, De carne Christi c. 12.

9 Ebenda c. 15.

10 Ebenda.

11 TERTULLIAN, Adversus Valentinianos c. 29.

12 Vgl. F. v. BAADER, Ueber das dermalige Missverhältnis der Vermögens-
losen oder Proletairs zu den Vermögen besitzenden Classen der Societät
in Betreff ihres Auskommens sowohl in materieller als intellectueller Hinsicht (1835), Band 6, 125–144, sowie: An einen hochgestellten Staats-
mann, Band 15, 505ff.

13 Vgl. zum Verhältnis von Religion und Wirtschaftsethik P. KOSLOWSKI,
Prinzipien der Ethischen Ökonomie, Tübingen 1988.

14 Wilhelm BOUSSET, Artikel Gnosis, in: Paulys Realencyclopädie der clas-
sischen Altertumswissenschaften, Stuttgart 1912, 14. Halbband, 1531f:
„Mit ihrer Ablehnung der urchristlich jüdischen Eschatologie und ihrer
prinzipiellen Vergeistigung aller Zukunftshoffnungen hat die Gnosis die
Entwicklung der (griechischen) morgenländischen Kirchie antizipiert.
Denn hier fand sie sich, abgesehen von ihrem schroffen Dualismus, in
Übereinstimmung auch mit der späteren von der Philosphie bestimmten
griechischen Frömmigkeit, mit der das Christentum mehr und mehr ein
Bündnis einging."

15 Vgl. oben Seite 71ff.

16 HEGEL, Philosophie der Weltgeschichte, 2. Hälfte, hrsg. von G. LASSON,
Hamburg 1968, Nachdruck der 2. Auflage von 1923, 647.

17 F. v. BAADER, Ueber die Begründung der Ethik durch die Phy-
sik (1813), Sämtliche Werke, Band 5, 28.

18 Winfried ZELLER (Hg.), Deutsche Mystik. Aus den Schriften von Heinrich Seuse und Johannes Tauler, Stuttgart 1967, 155f.

19 F. v. BAADER, Fundamentaldoctrinen des Christentums (1839), Sämtliche Werke, Band 10, 211.

20 SCHELLING, Werke, hg. v. SCHRÖTER, München 1965, Band 6, 684f.

21 R. SPAEMANN hat auf den Zusammenhang von Mystik und Aufklärung
und den Einfluß hingewiesen, den die Entfaltung der mystischen Subjektivität bei FÉNELON auf den die Mystik allerdings transzendierenden Gedanken der Aufklärung von der Vernunftautonomie ausgeübt hat. Vgl.
R. SPAEMANN, Mystik und Aufklärung, in: R. SPAEMANN, Einsprü-
che. Christliche Reden, Einsiedeln 1977, 36–50.

22 Vgl. J. DANIÉLOU, L'être et le temps chez Grégoire de Nysse, Leiden
1970, 50.

# Personenregister

# Textnachweis

Moderne oder Postmoderne?: Antrittsvorlesung an der Universität Witten/ Herdecke, gehalten am 18. Januar 1986, veröffentlicht in: Perspektiven. Zeitschrift für Wissenschaft, Kultur und Praxis der Universität Witten/Herdecke 2, 1986, sowie in: Scheidewege, Jahresschrift für skeptisches Denken 16, 1986/87 und Der Architekt. Zeitschrift des Bundes Deutscher Architekten 1988, Heft 7–8.

Metaphysische Abenteuer aus einer Zeit nahe dem Ende der Moderne: P. KOSLOWSKI/R. SPAEMANN/R. LÖW (Hg.), Moderne oder Postmoderne? Zur Signatur des gegenwärtigen Zeitalters, Weinheim (VCH/Acta humaniora) 1986, zuvor als kürzerer Essay in: Neue Zürcher Zeitung, Beilage „Literatur und Kunst", 3./4. Juli 1982, Nr. 151.

Supermoderne oder Postmoderne?: Vortrag, gehalten zum Abschluß der zweisemestrigen Vorlesungsreihe „Postmoderne – Anbruch eines neuen Zeitalters?" des Studium Generale der Universität Mainz am 1. Februar 1989, unveröffentlicht.

Die Krise des wissenschaftlichen Weltbildes und die Wiederkehr der spekulativen Philosophie: Bloch-Almanach 8, 1988, Ludwigshafen am Rhein 1988. Kürzere Fassung zuvor in: G. BAADTE/A. RAUSCHER (Hg.), Neue Religiosität und säkulare Kultur, Graz 1988.

Die Postmodernität der Weisheitstradition: Vortrag, gehalten vor dem XII. Kolloquium zur Gegenwartsphilosophie „Ist die Philosophie noch Liebe zur Weisheit?" am 25. Mai 1988 in Bad Homburg v. d. H., veröffentlicht in: Scheidewege 18, 1988/89.

Christliche Gnosis und spekulative Philosophie unter Bedingungen der Postmoderne: Antrittsvorlesung am Forschungsinstitut für Philosophie Hannover, gehalten bei dessen Eröffnung am 23. September 1988, unveröffentlicht.

# Edition Passagen

Herausgegeben von
Peter Engelmann

# Passagen Philosophie

Immanuel Kant zur Geschlechter-
differenz
Aufklärererische Vorurteilskritik
und bürgerliche Geschlechts-
vormundschaft
Von Ursula Pia Jauch

Schopenhauers Aktualität
Ein Philosoph wird neu gelesen
(Schopenhauer Studien 1/2)
Wolfgang Schirmacher (Hrsg.)

Vier Fragen zur Philosophie in
Afrika, Asien und Lateinamerika
Franz M. Wimmer (Hrsg.)

Randgänge der Philosophie
Erste vollständige deutsche
Ausgabe
Von Jacques Derrida

Freud-Legende
Vier Studien zum psychoanalyti-
schen Denken
Von Samuel Weber

Schopenhauer in der Postmoderne
(Schopenhauer Studien 3)
Wolfgang Schirmacher (Hrsg.)

Der unbetrauerbare Tod
Von Laurence A. Rickels
Mit einem Vorwort von
Friedrich Kittler

Die Wahrheit in der Malerei
Von Jacques Derrida

Die Freimaurer und ihr
Menschenbild
Über die Philosophie der
Freimaurer
Von Giuliano di Bernardo

Zur Möglichkeit von
Technikphilosophie
Versuch einer modernen Kritik
der Urteilskraft
Von Rainer Schubert

# Passagen Kunst

Das gläserne U – Boot
Von Edith Almhofer/Ulli Lind-
mayr/Eleonore Louis (Hrsg.)

Der Hund in der Kunst
Vom Rokoko zur Postmoderne
Von Robert Rosenblum

# Passagen Ökonomie

Zwanzig Millionen suchen Arbeit
Bericht der Kreisky-Kommission
Ein Programm für Vollbeschäfti-
gung in den 90er Jahren
Bruno Kreisky (Hrsg.)

## Passagen Buch[2]

Geburt einer Hauptstadt
Analysen und Chancen einer
Stadt mit neuer Bedeutung
D. Steiner/G. Schöllhammer/G.
Eichinger/Ch. Knechtl (Hrsg.)

## Passagen Hefte

1 Heidegger und „die Juden"
Vortrag in Freiburg und Wien
Von Jean-François Lyotard

2 Perikles und Verdi
Von Gilles Deleuze

## Passagen Gesellschaft

Arbeiten und Essen
Politik an den Grenzen des
Arbeitsmarkts
Von Georg Vobruba

Tod und Verklärung
Über die elitäre Konstruktion der
Wirklichkeit
Von Wolfgang Fach

## Passagen Zeitgeschehen

Der Aufstand
Palästinensische und israelische
Stimmen zur Intifada
John Bunzl/Nadia El-Masri
(Hrsg.)

Ritus und Haß
Zur Geschichte und Gegenwart
des Antijudaismus und Antisemi-
tismus
Von Aurelius Freytag/Boris
Marte/Thomas Stern